美國生活事典

山　泉編著

香港萬里書店出版

編輯：丘 虹　東 瑞
本書彩色圖片由東初先生提供

各國生活叢書①
美國生活事典
編著者
山 泉
出版者
萬里機構・萬里書店
香港北角英皇道499號北角工業大廈18字樓
電話總機：564 7511
發行者
萬里機構營業部
香港北角英皇道499號北角工業大廈18字樓
承印者
美雅印刷製本有限公司
出版日期
一九八九年十月第一次印刷
一九九五年一月第四次印刷

ISBN 962-14-0393-6

總　序

香港與世界各國的關係越來越密切，前往世界各國探遊、留學、投資以及移居的人也越來越多。然而，即使外國充滿吸引力，畢竟是一個陌生的環境，如果加上對它一無所知，身在異鄉為異客，勢必會帶來很大的困擾。

本套叢書按國別分冊出版，希望能通過各方面滙集而得的資料，對各國的地理、歷史、社會、醫療福利、衣食住行作深入介紹，使讀者能對即將處身的國家有比較全面的認識。若能入鄉問禁，知己知彼，相信便能很快適應新環境，並且有所成就。

本叢書籌劃多年，今日得以出版，全賴各方人士和多個機構的支持與協助，謹此致謝。

目次

三藩市的標誌

▲三藩市的都拔街——唐人街之一

▼三藩市的叮噹車

▲新型教堂（三藩市）

▼三藩市金門橋

▲位於紐約的自由神像

▼白宮前面

紐約帝國大廈下望

▲ 荷里活碗型舞台

▼ 羅省的農民市場

▲邁亞美的屋邨式住宅區

▼邁亞美街頭的自動購物機

▲紐約大都會博物館中國庭院擺的盆栽

拉斯維加斯舊城

中國戲院

一、概　況

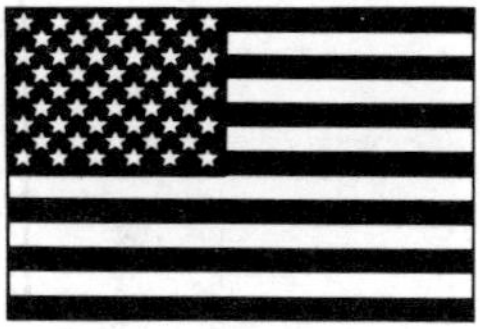
國旗

△地　理

美國正式名稱是亞美利堅合衆國（ United States of America ）。面積爲9,363,000平方公里，爲世界上第四位面積最大的國家。人口約 2 億 3 千多萬人，首都華盛頓。

美國由50個州組成，其名字United States譯爲合衆國或聯邦。除48個州是彼此相連於本土外，阿拉斯加州及夏威夷州遠離本土。阿拉斯加州位於北美洲西北角，夏威夷州座落太平洋北部。

美國於1776年 7 月 4 日宣告獨立，脫離英國統治。該日即爲美國獨立日或稱國慶日。

美國位於北美洲，北部是加拿大和格陵蘭島，東面是百慕達羣島等。

△歷　史

美國原來是英國的殖民地，1776年獨立，至今已有200多年的歷史。

在美國歷史上，除了獨立戰爭以外，還有幾件大事：

①1848年由於加州發現大金礦，引致世界性的巨大移民潮。除了歐洲大量居民湧入外，還有從中國、印度、意大利、匈牙利等國來的勞工。所以，從某個意義上來說，美國是個由外來移民組成的國家。

②南北戰爭。1861～1865年，北部的共和黨與南部的民主黨，以廢止奴隸運動爲導火線，發生南北內

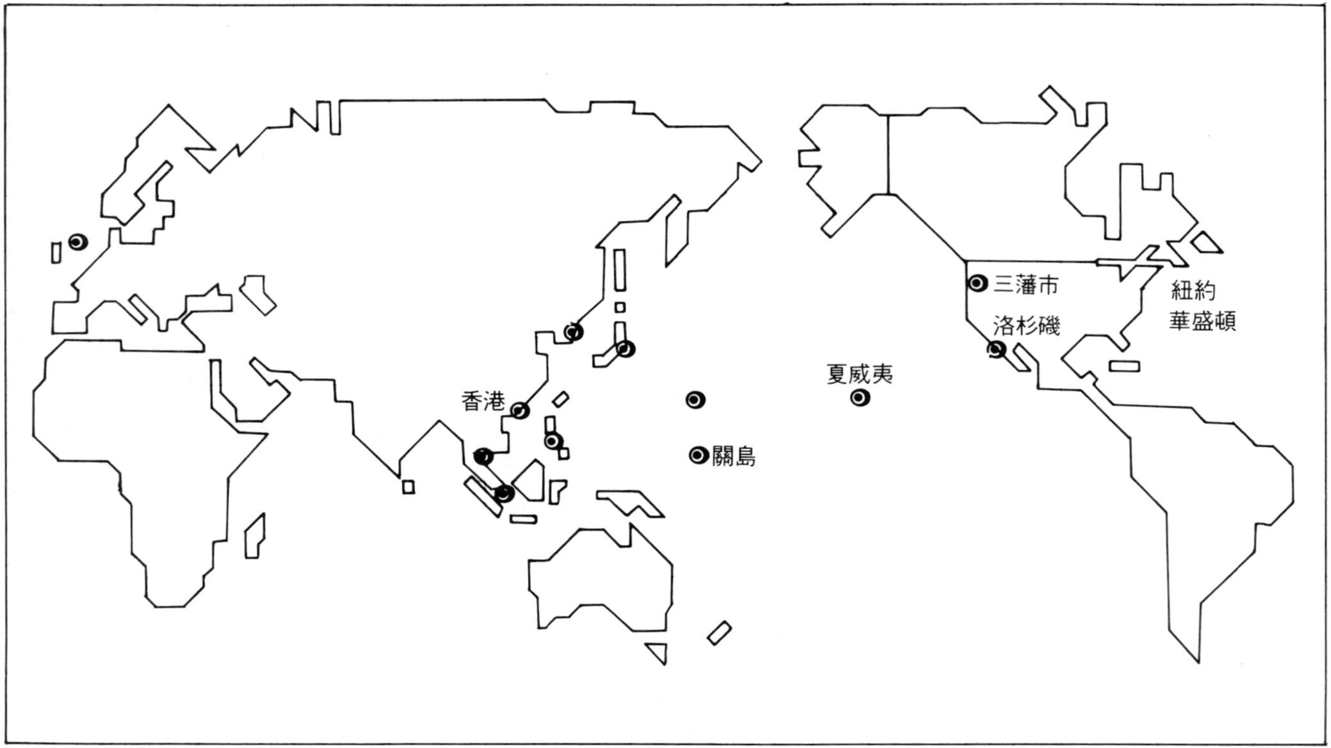

美國位於世界地圖

戰。戰爭於1865年以北軍勝利，全國統一爲結束。

③珍珠港事件。第二次世界大戰發生後，美國原來奉行中立政策，但是，由於希特拉攻擊波蘭而爆發了歐洲戰爭後，美國傾向英、法，並在1941年 4 月訂立武器貸與法案，8 月會見英國首相，起草了「大西洋憲章」。

1941年日軍偷襲珍珠港後，美國正式加入第二次世界大戰，並於1945年 8 月 6 日向日本廣島投下原子彈，迫使日本無條件投降，結束第二次世界大戰。

④聯合國於1945年成立後，美國即撥地設立聯合國總部，並成爲聯合國的一個常任理事國。

△政　治

1. 國家組織

美國實行三權分立以及聯邦制度。三權爲：

①立法機關　由上院及下院兩院組成議會。

②司法機關　由聯邦最高裁判所及11個控訴所、95個地方裁判所及 4 個特別裁判所組成。

③行政機關　由直接選舉出來的大總統爲首，加上輔佐總統的總統府，以及11個部等組成。

至於聯邦制度有兩個基本原則，即：

①各州有自己的立法，司法和行政權限。

②聯邦只對州不能實施的事項行使統治權。

聯邦行使統治權的對象有以下 3 類：

A. 維持及經營國家機能基礎的課稅以及有關的財政、國防、立法、司法、行政各機關。

B. 締結外交條約、管理貨幣發行、出入國、對外貿易以及州際交易事項等等。

C. 促進有關增進國民共通的福利，如郵政制度的維持管理，科學、藝術的發展等等。

2. 州的組織

聯邦所屬各州也是立足於立法、司法、行政機關三權分立和聯邦制度。

△政　黨

傳統上由兩大黨執政。兩大黨爲民主黨與共和黨。民主黨於1792年創立，共和黨於1854年創立。

除了這兩大黨外，還有美國獨立黨、進步黨、社會黨、社會主義勞動黨等大小政黨，不過基本上都沒有什麼影響力。

每四年選一次總統。上議院議員任期爲六年，但每兩年改選其中三分之一，下議院議員任期爲兩年，兩年選舉一次。

憲法規定18歲以上公民有全國的選舉權。

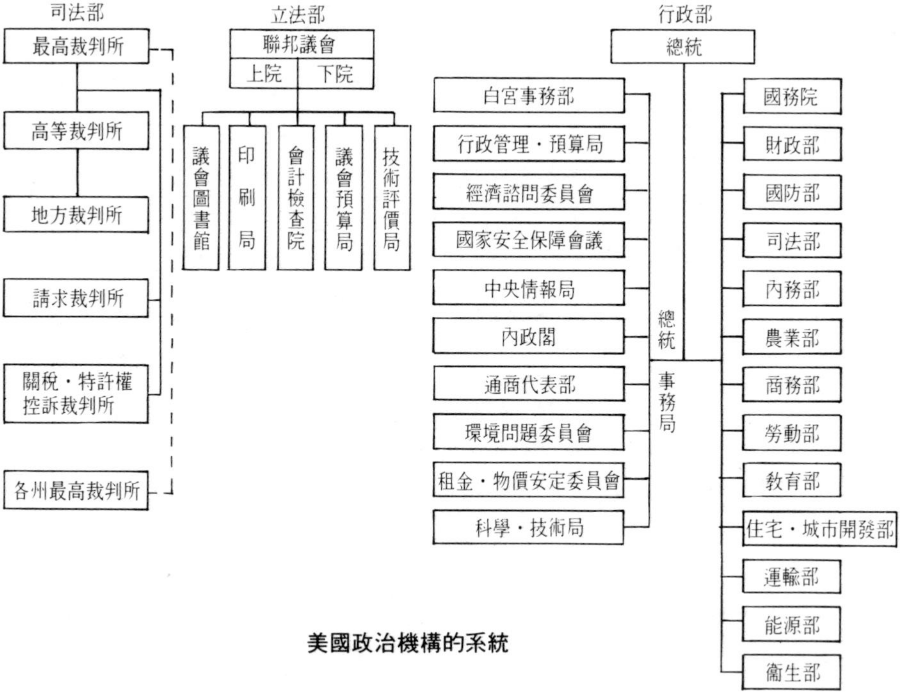

美國政治機構的系統

△宗　教

以基督教爲中心，其次爲天主教。這兩大教的人數佔全國90%。

有宗教信仰自由。

△節　慶

1月1日　新年

7月4日　獨立日（國慶日）

9月第1個星期一　勞動節

10月第4個星期一　退伍軍人節

11月11日　退伍軍人節

11月第4個星期四　感恩節

12月25日　聖誕節

△語　言

美式英語。

△貨　幣

美國的貨幣單位爲美元（dollar，$）。紙幣面額有100、50、20、10、5、2、1美元；硬幣有25仙（quarter）、10仙（dime）、5仙（nickel）、1仙（penny）等。其中以25仙的最爲常用。普通市內電話打一次爲1 quarter。

除了貨幣外，美國一些城市比如紐約、波士頓等還有一種特別用於地下鐵與巴士的專用硬幣，面額相當於1美元。

美元紙幣或硬幣上，一般都有美國歷史上的總統或其他名人的頭像，並都有"IN GOD WE TRUST"（我們信賴上帝）字樣。但美國紙幣與香港不一樣，沒有明顯的顏色、圖案和大小差別，比如10美元與1美元的，除了數額外，幾乎一模一樣，使用時要特別小心。

100 元　本傑明・富蘭克林

50 元　尤利西斯 S・格蘭特

20 元　安德魯・傑克遜

10 元　亞歷山大・哈密頓

5 元　亞伯拉罕・林肯

2 元　托馬士・傑弗遜

1 元　喬治・華盛頓

1 仙
林肯

10 仙
羅斯福

5 仙
傑弗遜

25 仙
華盛頓

50 仙
J. F. 肯尼迪

美鈔上的名人肖像

△七大地域

在自然地理上，美國分為七大地域。

①北太平洋地域——美國濕度最大的地域。冬天山岳地帶都覆蓋一層粉末雪。太平洋沿岸10月至 4 月多雨。夏天涼爽乾燥，朝晚寒冷。平均氣溫：夏天15.6℃，冬天4.4℃。

②中部太平洋。洛磯山地域——濕度低、乾燥、季節溫度差異不大，生活較易適應。太平洋沿岸整年多霧。

③西南部地域——美國最熱最乾燥地域。沙漠夏天的氣溫在43℃以上，冬天寒涼，但未達 0 ℃下。夏天晝夜溫差大，衣着必須小心。

④中西部地域——夏天炎熱，早晚寒冷。北部地

國　名

美利堅合衆國。簡稱美國。它同整個美洲一樣，原是印第安人居住的地方。1492年哥倫布“發現”美洲後，英國緊步西班牙、葡萄牙的後塵，在北美建立了13個殖民地，稱爲“北美13州聯合殖民地”。從1775年起，13州殖民地人民發動了推翻英國殖民統治的獨立戰爭。1776年7月4日，在北美的英屬各殖民地舉行的“大陸會議”上，通過“獨立宣言”，第一次使用了“美利堅合衆國”名稱。1783年英美簽訂和約，美國獲得獨立。1787年美國憲法正式肯定了“美利堅合衆國”的國名。在美國獨立戰爭初期，曾使用過“北美合衆國”的名字，但不久便不用。

國　旗

星條旗。美國獨立戰爭初期，北美13州殖民地都有各自的旗幟，但沒有統一的國旗。1775年12月，“大陸會議”決定採用“大合衆國旗”。此旗以紅白相間的13條條紋爲底，代表13州的聯合，但左上角仍飾以英國的米字旗。同年12月3日，這面旗幟第一次飄揚在大陸海軍“艾爾弗雷德”號艦上。後來，華盛頓等人對“大合衆國旗”圖案進行了修改，將左上角的英國米字旗去掉，代之以藍底上的13顆白星。這就是美國國旗的前身。

1777年6月14日，“大陸會議”正式確定美國國旗的形式：旗底爲紅白相間的13道條紋，左上角的藍色長方形上鑲13顆白色五角星。13道條紋和13顆星，都象徵着組成美利堅合衆國的13個州。“星條旗”從此誕生，6月14日也就成爲美國國旗日。星條旗誕生以後，美國每增加一個新州，就在國旗上增加一道條紋，並增添一顆星。到1817年，紅白條紋已增加到20條，白星也增加到20個了。1818年4月4日，美國國會通過了國旗修改法案，規定紅白相間的條紋固定爲13條，其中紅色7條，白色6條，代表着發動獨立戰爭並取得勝利的13個州。而白星的數目則依全國州的數目變動，每增加一個州，便於隨後的7月4日在國旗上增添一顆白星。

第一面國旗

縫製第一面美國國旗的是費城女裁縫貝特西·羅斯，她的丈夫在獨立戰爭中犧牲，她帶着女兒以縫衣度日。華盛頓親自到她的店，請她縫製一面旗子，華盛頓交給她一張圖紙，向她說明13顆六角星代表13個殖民地的團結，藍色代表强大，白色代表團結，紅色代表勇敢。貝特西建議把六角星改爲五角星，受到華盛頓的贊許。她的事迹被收進《美國女英雄傳略》。

國　歌

《星條旗》。產生於美國第二次獨立戰爭（1812－1815）時期，於1931年3月3日正式定爲國歌。歌詞作者爲巴爾的摩城的一名青年律師弗朗西斯·科斯特·基（1780－1843）。美國經獨立戰爭（1775－1781）獲得獨立後，英國殖民者於十九世紀初再次進攻美國，美國也於1812年6月向英國宣戰，開始了第二次獨立戰爭。1814年英國軍艦進攻巴爾的摩城，猛烈炮轟城市的前哨麥克亨利堡。當時，弗朗西斯·斯科特·基爲營救被英軍俘虜的一位醫師，正在英國旗艦“明頓”號上交涉。英軍怕他走漏即將發起進攻的消息，便把他扣留在船上。他通宵觀看了英軍對麥克亨利堡的襲擊。翌日晨曦，當他望見星條旗依然高高飄揚在麥克亨利堡上空時，不禁熱泪盈眶，激動萬分，幾分鐘內，便揮就了一首《星條旗》。

詩歌一經問世，很快便不脛而走，爲人們所傳誦，後又由約翰·斯坦福特、史密斯譜曲。根據美國國會的一項法案，建議將這首歌作爲美國國歌，1931年3月3日赫伯特·胡佛總統批準了這項法案。

以下爲美國國歌歌詞：

哦，你可看見，透過一綫曙光，
我們對着什麼，發出歡呼的聲浪？
誰的闊條明星，冒着一夜炮火，
依然迎風招展，在我軍碉堡上？
火炮閃閃發光，炸彈轟轟作響？
它們都是見證，國旗安然無恙。
你看星條旗依然高高飄揚，
在這自由國家，勇士的家鄉。

國慶

1776年7月4日。1775年4月，北美人民爆發了反對英國殖民統治的獨立戰爭，翌年7月4日，北美的英屬各殖民地在費城舉行了第二次北美“大陸會議”，通過了杰弗遜起草的《獨立宣告》，宣佈“解除對於英王的一切隸屬關係”，成爲“自由獨立的合衆國”。《獨立宣言》宣佈了美利堅合衆國的誕生，而7月4日這一天也就成了美國的國慶，稱爲“獨立日”。

國徽

國徽圖案爲一隻山鷹。鷹的頂冠象徵世界上新的獨立國家美利堅合衆國的誕生。頂冠上飾有13顆星，象徵最初組成美國的13個州。鷹胸前爲一面星條旗。鷹嘴上啣一條黄帶，上寫“合衆爲一”，意爲美國是個完整的國家，由許多州組成。鷹一爪抓橄欖枝，一爪抓箭，象徵和平和戰爭。

黨徽

美國共和黨和民主黨都有自己的標誌，共和黨以驢作象徵，民主黨以象作代表。這兩黨的象徵標誌產生於1874年，當時美國著名畫家湯姆斯·納斯特畫的一幅畫上，用驢的圖案象徵共和黨，用象代表民主黨，其寓意爲驢代表倔强，而象則表示穩重。

國　父

喬治·華盛頓。生於（1732～1799）。北美獨立戰爭爆發時擔任起義軍的總司令，於1789年出任美國首屆總統。

國　花

山楂花。是一種落葉喬木，屬薔薇科。葉呈廣卵形或三角狀卵形，花爲花白色，傘房花序，淸香淡雅。

國　鳥

山鷹。美國是最先選出國鳥的國家，早在1782年美國國會在通過國徽圖案時，就把山鷹定爲美國國鳥。山鷹是世界珍禽之一，原產北美洲和西伯利亞東北部，現僅存於美國的阿拉斯加和佛羅里達州，其數約有千隻左右。它是一種美麗而兇猛的大型鳥類，體長近1米，展翅寬2米多。身體爲褐色，頭部和尾部爲白色（幼鷹頭部爲黑色），爪尖和上喙鋭利如鈎。生活於沿海或湖畔河旁，以捕食魚類爲生。自1940年起，這種珍貴鳥類受到美國法律的全面保護。

國　石

藍寶石。美國人民喜愛藍寶石，因爲它不僅可製成精美的裝飾品，而且在工業上有重要的用途，經濟價值頗高。

美元上的圖案

美金上面所印的圖案，其實已包含了美國的歷史與信念。

在紙幣的背後印了美國國璽的兩面圖案。

右面的圖案是國璽的正面，即一隻美國禿鷹。鷹的兩翼與爪張開，象徵尊嚴、自由、力量及夢想；鷹上面有十三粒星，代表美國在世界各國之中佔一地位；鷹的胸前有一個盾，而盾頂上的橫條象徵國會，下面的十三條紋代表十三個原來的殖民地，支持着國會。

這隻鷹的左右兩爪，分別抓着十三枝箭及一枝有十三塊葉的樹枝，前者象徵戰爭，後者象徵和平，鷹的頭轉向執着樹枝的右手，表示國家喜歡和平。

在紙幣上的左面圖案是國璽的後面，它是一個有十三級樓梯的金字塔，亦是代表十三個殖民地。金字塔是未完成的，這象徵國家根基穩固，而還有發展的力量。在金字塔上面是一個光輪，包圍着一個三角形，裏面有一隻眼，這代表了上帝對國民的眷顧。

在金字塔底部是一個羅馬數目字1776，即美國獨立日的年份，下面的一行拉丁文解作「一個新的時代」。

美國國璽是1782年開始使用的，至今已有二百零七年歷史。

區冬天相當冷，須有防寒用具。

⑤東部地域——雨量適中，氣候很好。

⑥阿拉斯加——海岸地域，受黑潮影響，氣候比較平穩。最好季節在５～９月，是旅遊旺季。

⑦夏威夷地域——全年都是夏天的熱帶性氣候。平均氣溫爲25℃。早晚有寒意，日照强。

△五大時間帶

美國國土遼闊，全國分爲五大時間帶。

①東部時間帶——包括華盛頓首都區、紐約、波士頓、底特律、亞特蘭大、邁亞密等地區。

②中部時間帶——芝加哥、明里阿帕里蘇、堪薩

斯城、紐奧良、達拉斯、休士頓等地區。

③山岳時間帶——丹佛、鳳凰城、鹽湖城、夏延等地區。

④太平洋時間帶——三藩市、洛杉磯、西雅圖、拉斯維加斯、波特蘭等。

⑤阿拉斯加・夏威夷時間帶。

各時間帶之間有時差。以下圖爲例，當太平洋時間帶上的三藩市等爲上午9時時，中部時間帶的芝加哥已經是上午11時，而東部時間帶上的紐約則爲中午12時了。

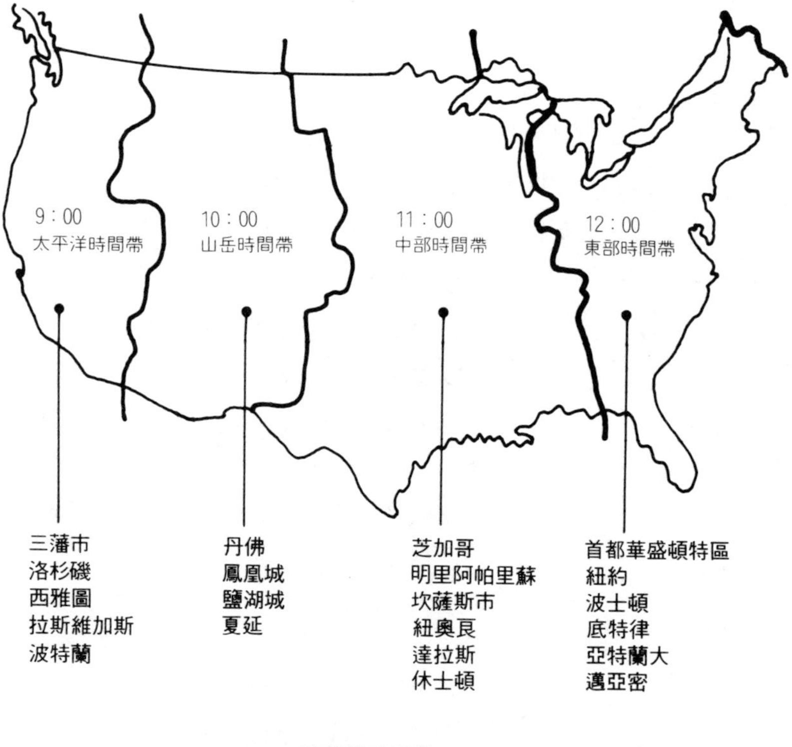

美國的時間帶

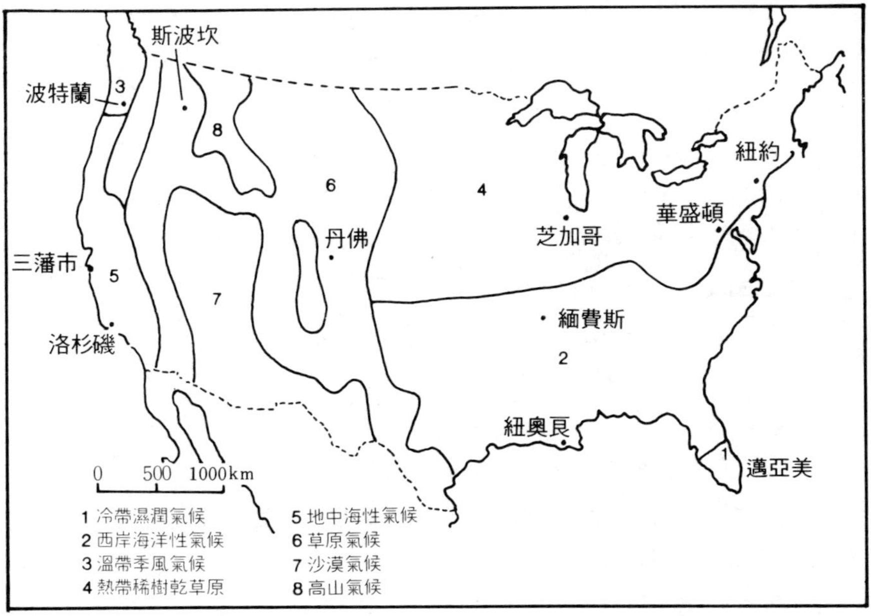

氣候圖

△氣　候

不同地域有不同氣候。內陸地區爲典型大陸性氣候，較爲乾燥；海岸地區爲溫帶氣候，較爲潮濕，南部地區則屬亞熱帶氣候。以下介紹幾個「之最」城市。

①最寒冷之城市：每年至少有半年以上處於冰天雪地的有阿拉斯加州的安克治（Anchorage）、北達科達州的必斯麥（Bismark）和法克（Fargo）、明尼蘇達州的多魯斯（Duluth）和明里阿帕里蘇（Minneapolis）、聖保羅（St. Paul）愛荷華州的華特盧（Waterloo）等。

②最暖和之城市：每年有3個月以上，氣溫超過32℃的有德州的奧斯汀（Austins）和聖安東尼（San Antonio）、佛羅里達州的福米爾斯（Fort

Myers）、內華達州的拉斯維加斯（Las Vegas）、阿拉巴馬州的莫凡爾（Mobils）、阿里桑那州的鳳凰城（phoenix）、路易斯安娜州的斯瑞福帕（Shreveport）等。

③陽光最充足的城市：終年陽光普照的有加州的貝克費爾德（Barkersfield）、奇克（Chico）、福年斯諾（Fresno）、沙克棉德（Sacramento）和聖塔巴巴拉（Sarta Basbara）、德州的厄爾巴索（El Paso）、內華達州的拉斯維加斯（Las Vegas）、阿里桑那州的鳳凰城（Phoenix）。

④雨水最多的城市：每年有半年以上時間下雨的有俄亥俄州的阿肯（Akron）和克里夫蘭（Cleveland）、紐約州的水牛城（Buffalo）、賓州的匹茲堡（Pittsburgh）、奧勒崗州的波特蘭（Portland）、華盛頓州的西雅圖（Seattle）等。

△主要城市月平均氣溫

（攝氏）

都市 ＼ 月	1	2	3	4	5	6	7	8	9	10	11	12
阿拉巴馬（Alabama）												
Birmingdam	8	9	12	17	21	22	27	27	24	18	11	8
Huntsville	6	8	11	17	22	26	27	27	24	17	10	7
Mobile	12	13	15	19	23	27	27	27	25	20	14	12
Montgomery	9	10	13	18	23	27	28	28	25	19	12	8
阿拉斯加（Alaska）												
Anchorage	-11	-8	-5	2	7	11	14	13	8	7	-5	-10
Fairbank	-26	-19	-12	-1	8	15	15	12	6	3	-16	-22
Juneau	-4	-3	-1	3	7	1	3	2	9	5	-1	-2

阿里桑那（Arizona）												
Flagstaff	-2	0	2	6	10	15	19	18	15	9	5	-1
Phoenix	10	13	16	20	25	30	33	31	29	23	15	12
Tucson	10	12	14	19	23	28	30	29	27	21	14	11
阿肯色（Arkansas）												
Fort Smith	4	7	11	17	21	26	28	28	24	18	10	6
Little Rock	5	7	11	17	22	26	28	27	23	17	10	5
Texarkana	7	9	13	18	22	26	28	28	25	19	12	8
加州（California）												
Fresno	7	10	13	16	20	23	27	26	23	18	12	11
Los Angeles	13	14	15	17	18	20	23	23	22	19	17	15
Sacramento	8	10	13	15	19	23	25	24	23	18	13	9
San Diego	13	14	15	16	18	19	21	22	21	19	16	14
San Francisco	9	10	12	13	15	16	17	17	18	16	13	10
科羅拉多（Colorado）												
Alamosa	-7	-4	0	5	10	15	18	17	13	7	-1	-7
Denver	-1	0	3	8	14	19	23	22	18	12	4	0
Grand Junction	-3	0	5	12	17	22	26	24	20	13	4	-2
康尼狄克（Connecticut）												
Hartford	-3	-2	0	9	15	20	22	21	17	12	5	-1
New Haven	1	1	3	8	14	19	22	22	18	12	7	0
特拉華（Delaware）												
Wilmington	1	1	5	12	17	22	24	23	20	14	8	2
哥倫比亞特區（District of Columbia）												
Washington	3	3	7	13	19	23	25	25	21	20	9	4

佛羅里達（Florida）												
Jacksonville	13	14	17	20	24	27	28	28	27	22	16	14
Miami	19	20	22	24	25	27	28	28	28	25	23	20
Tallahassee	12	13	16	20	24	27	28	27	25	21	15	12
喬治亞（Georgia）												
Atlanta	7	8	11	16	21	25	25	25	23	17	16	7
Savannah	10	12	15	19	23	27	27	27	25	19	14	11
夏威夷（Hawaii）												
Honolulu	22	22	22	23	24	25	26	26	26	25	24	23
愛達荷（Idaho）												
Boise	-2	1	5	10	14	18	24	23	18	12	4	0
Idaho Falls	-9	-6	1	7	12	15	20	19	14	7	-1	-6
伊利諾（Illinois）												
Chicago	-3	-2	3	10	16	22	24	24	19	13	4	-2
Springfield	-2	0	4	12	17	23	25	24	20	14	5	0
印第安納（Indiana）												
Evansville	-1	3	7	13	18	24	25	25	21	15	7	2
Indianapolis	-2	-1	4	10	17	22	24	23	19	13	5	-1
愛荷華（Iowa）												
Des Moines	-6	-4	2	10	16	22	25	24	19	13	3	-3
Sioux	-8	-5	1	9	16	22	25	23	18	11	2	-4
坎薩斯（Kansas）												
Topeka	-3	0	5	13	18	24	27	26	21	14	6	1
Wichita	0	3	7	14	19	25	27	27	22	15	7	2
肯塔基（Kentucky）												
Louisville	2	2	7	13	19	23	24	24	20	13	7	2

路易聖安娜（Louisiana）												
Baton Rouge	12	13	16	20	23	27	28	28	25	18	14	12
New Orleans	12	14	16	19	23	27	28	28	25	21	15	13
Shreveport	9	10	14	18	23	27	28	29	25	19	13	10
緬因（Maine）												
Caribou	-12	-11	-5	3	10	15	18	17	2	6	-1	-9
Porland	-6	-5	0	6	12	17	20	19	15	9	4	-3
馬里蘭（Maryland）												
Baltimore	2	2	7	13	18	23	25	24	20	14	8	2
麻省（Massachusetts）												
Boston	-1	-1	3	9	15	20	23	22	18	13	7	1
Worcester	-4	-4	0	7	13	18	21	20	16	10	4	-3
密芝根（Michigan）												
Detron	-3	-3	2	8	15	20	23	23	18	12	5	-1
Lansing	-4	-4	0	8	14	19	22	22	17	10	3	-2
明尼蘇達（Minnesota）												
Duluth	-13	-12	-7	-1	10	15	19	18	13	7	-3	-10
Minneapolis	11	-9	-3	7	14	20	23	22	15	9	-1	-8
Rochester	-9	-8	-2	7	14	19	22	21	15	9	0	-7
密西西比（Mississippi）												
Jackson	9	10	14	18	23	26	28	28	25	19	13	9
密蘇里（Missouri）												
Kansas City	-1	2	6	13	18	24	27	26	22	15	7	2
St. Louis	0	2	6	13	19	24	27	24	21	15	7	2
Springfield	1	3	7	13	18	24	25	25	22	15	7	3

蒙坦娜（Montana）												
Billings	-5	-3	0	8	13	18	23	22	16	10	2	-2
內布拉斯加（Nobraska）												
Omaha	-5	-3	3	11	17	23	25	25	19	13	4	-2
內華達（Nevada）												
Las Vegas	7	9	13	18	23	29	33	30	27	19	12	7
Reno	0	2	5	9	12	15	20	19	15	10	4	0
新罕普錫（New Hamp-shire）												
Concord	-6	-5	0	7	13	18	21	20	15	9	3	-4
新澤西（Newa Jersey）												
Newark	0	0	5	11	17	22	25	24	20	14	8	2
Atlantic City	2	2	5	11	17	23	26	25	20	15	9	3
新墨西哥（New Mexico）												
Albuquerque	2	4	8	13	18	24	26	25	22	14	7	3
Santa Fe	-1	0	4	8	13	18	20	20	16	10	4	-1
紐約（New York）												
Buffalo	-4	-5	-1	6	13	18	21	20	17	11	4	-3
New York	1	1	2	10	17	22	25	24	20	15	9	2
Syracuse	-4	-4	0	8	14	20	22	22	17	11	4	-2
北卡羅連納（North Caro-lina）												
Charlotte	6	7	10	16	20	25	26	25	23	17	10	6
北達科達(North Dakota)												
Bismarck	-13	-11	-4	5	13	18	23	21	15	8	-2	-8

俄亥俄（Ohio）												
Cincinnati	1	2	6	12	18	23	25	24	20	14	7	2
Cleveland	-2	-2	2	8	14	18	22	21	17	11	4	-1
Columbus	-1	0	4	10	17	22	24	23	19	13	6	0
奧克拉荷馬（Oklahoma）												
Oklahoma City	3	5	9	15	20	25	27	28	23	17	9	4
俄勒崗（Oregon）												
Portland	4	5	8	11	14	17	20	19	17	12	7	5
賓夕尼凡亞（Pennsylvania）												
Philadelphia	2	1	5	11	17	22	24	22	18	12	5	-1
Pittsburgh	-2	1	3	9	15	20	22	23	19	13	7	1
羅德艾蘭（Rhode Island）												
Providence	-2	-1	3	9	14	19	22	22	17	12	6	0
南卡羅連納（South Carolina）												
Charleston	11	11	14	19	23	27	28	27	25	20	14	11
Columbia	8	9	13	18	23	27	28	27	24	18	12	8
南達科達(South Dakota)												
Rapid City	-6	-4	0	7	13	18	23	22	17	10	2	-2
Sioux	-9	-7	-1	8	15	20	24	22	17	10	0	-6
田納西州（Tennessee）				1	2	2	2	2	2	1		
Knoxville	5	6	9	15	20	24	26	25	23	16	9	5
Memphis	5	7	11	17	22	26	27	28	24	18	10	7
Nashville	4	5	9	15	20	25	27	26	23	17	9	5

德州（Texas）												
Corpus Christi	14	16	18	22	25	28	29	29	27	24	18	15
Dallas-Forth Worth	8	10	13	18	23	28	29	29	25	20	13	9
El Paso	7	10	13	18	22	27	28	30	24	19	11	8
San Antonio	11	13	16	20	24	28	29	29	26	22	10	12
猶他（Utah）												
Salt Lake City	-2	0	5	10	15	19	25	24	18	12	4	0
佛特蒙（Vermont）												
Burlington	-8	-7	-2	6	13	19	22	20	15	9	3	-5
維珍尼亞（Virginia）												
Norfolk	5	5	9	14	20	24	26	25	22	17	11	6
Richmond	4	4	8	14	19	24	25	25	22	15	9	4
華盛頓（Washington）												
Seattle	5	7	8	11	14	17	19	18	16	12	8	7
Spokane	-4	-1	3	9	13	16	21	20	15	9	2	-1
西維珍尼亞（West Virginia）												
Charieston	3	3	7	13	18	22	24	23	20	14	8	3
維斯康辛（Wisconsin）												
Madison	-8	-7	-1	7	13	19	22	20	16	10	2	-5
Milwaukee	-6	-5	-1	7	12	18	20	20	16	10	2	-4
懷奧明（Wyoming）												
Cheyenne	-3	-2	0	5	11	17	20	20	14	9	1	-1

△民族構成

美國是個多民族的國家，其民族構成如下：

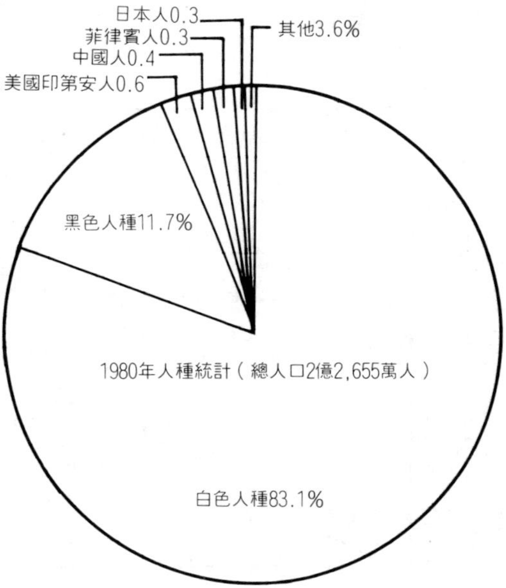

民族（出身國）	人口(千人)	佔有率(%)
英國裔	61,312	24.1
德國裔	49,224	19.4
愛爾蘭裔	40,166	15.8
黑非洲裔	21,169	8.3
西班牙裔、拉丁美洲裔	13,360	5.3
法國裔	12,892	5.1
意大利裔	12,184	4.8
波蘭裔	8,228	3.2
瑞典裔	4,345	1.7
美國印第安、愛斯基摩	6,716	2.6
荷蘭裔	6,304	2.5
挪威裔	3,454	1.4
俄羅斯裔	2,781	1.1
捷克斯洛伐克裔	1,892	0.7
匈牙利裔	1,777	0.7
丹麥裔	1,518	0.6
葡萄牙裔	1,024	0.4
中國裔	894	0.4
菲律賓裔	795	0.3
日本裔	791	0.3

△移民情況

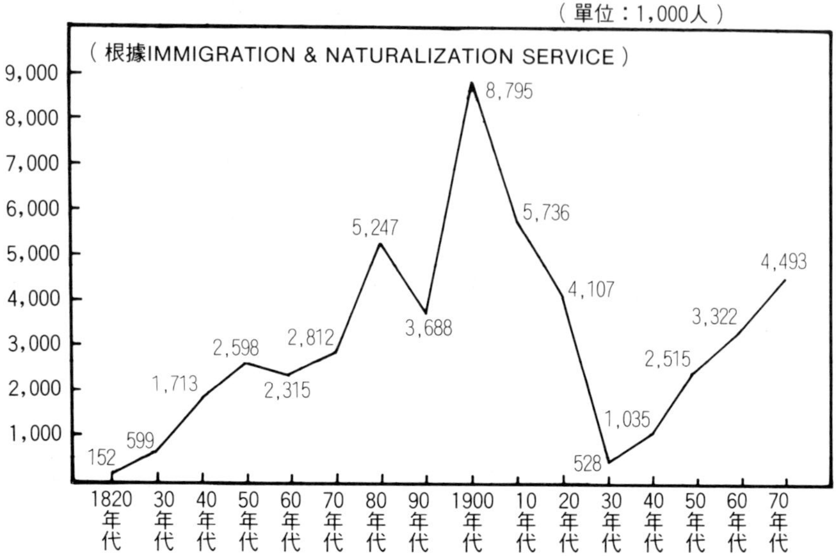

△**人口最多的大城市**（前20名，單位：萬人）

都　市	人　口	都　市	人　口
1 紐約	708.6	11 巴爾的摩	77.4
2 洛杉磯	302.2	12 檀香山	78.2
3 芝加哥	299.7	13 印第安娜波里斯	70.8
4 休士頓	172.6	14 三藩市	69.2
5 費城	166.5	15 聖荷西	65.9
6 底特律	113.9	16 緬費斯	64.6
7 達拉斯	94.4	17 首都華盛頓特區	63.3
8 聖地牙哥	91.6	18 米爾瓦基	63.2
9 鳳凰城	82.4	19 哥倫布	57.0
10 聖安東尼	81.9	20 克里夫蘭	55.9

△**主要城市人口** 單位：萬人

城　市	人　口
阿拉巴馬（Alabama）	389.4
Birmingdam	28.4
Huntsville	14.3
Mobile	20.0
Montgomery	17.8
阿拉斯加（Alaska）	40.2
Anchorage	17.4
Fairbank	2.7
Juneau	2.0
阿里桑那（Arizona）	271.8
Flagstaff	3.5
Phoenix	79.0
Tucson	33.1
阿肯色（Arkansas）	228.6
Fort Smith	7.1
Little Rock	15.8
Texarkana	2.1
加州（California）	2,366.8
Fresno	21.8
Los Angeles	296.7
Sacramento	27.6
San Diego	87.6
San Francisco	67.9

科羅拉多 (Colorado)	289.0
Alamosa	1.2
Denver	49.2
Grand Junction	2.8
康尼狄克 (Connecticut)	310.8
Hartford	13.6
New Haven	12.6
特拉華 (Delaware)	59.4
Wilmington	7.0
哥倫比亞特區 (District of Columbia)	63.8
Washington	63.8
佛羅里達 (Florida)	974.6
Jacksonville	54.1
Miami	34.7
Tallahassee	8.2
喬治亞 (Georgia)	546.3
Atlanta	42.5
Savannah	14.1
夏威夷 (Hawaii)	96.5
Honolulu	36.5
愛達荷 (Idaho)	94.4
Boise	10.2
Idaho Falls	4.0
伊利諾 (Illinois)	1,142.8
Chicago	300.5
Springfield	10.0

印第安納（Indiana）	549.0
Evansville	13.0
Indianapolis	70.1
愛荷華（Iowa）	291.4
Des Moines	19.1
Sioux	8.2
坎薩斯（Kansas）	236.4
Topeka	11.5
Wichita	27.9
肯塔基（Kentucky）	366.1
Louisville	29.8
路易聖安娜（Louisiana）	420.6
Baton Rouge	21.1
New Orleans	55.8
Shreveport	20.6
緬因（Maine）	112.5
Caribou	1.0
Porland	6.2
馬里蘭（Maryland）	421.7
Baltimore	78.7
麻省（Massachusetts）	573.7
Boston	56.3
Worcester	16.2
密芝根（Michigan）	926.2
Detron	120.3
Lansing	13.0

交通標誌

表示與鐵道線交差。應放慢速度，左右觀察，一邊前進一邊作隨時停止準備。

沒有這種標誌的十字路口，即使紅燈但沒有危險時，可以拐彎。只是必須作暫時停止。有的州不承認此標誌。

明尼蘇達 (Minnesota)	407.6
Duluth	9.3
Minneapolis	37.1
Rochester	5.8
密西西比 (Mississippi)	252.1
Jackson	20.3
密蘇里 (Missouri)	491.7
Kansas City	44.8
St. Louis	45.3
Springfield	13.3
蒙坦娜 (Montana)	78.7
Billings	6.7
內布拉斯加 (Nobraska)	157.0
Omaha	31.4
內華達 (Nevada)	80.8
Las Vegas	16.5
Reno	10.1
新罕普錫 (New Hampshire)	92.1
Concord	3.0
新澤西 (Newa Jersey)	736.5
Newark	32.9
Atlantic City	4.0
新墨西哥 (New Mexico)	130.3
Albuquerque	33.2
Santa Fe	7.5

表示前方爲山丘，不能前進，請彎向左或右下坡。

表示前方道路凹凸不平，要放慢速度。有些通住宅區的道路出入口，故意築起高達 5 ~10 cm 的土堆，使汽車不能盡速。

表示道路有坑窪，宜放慢速度。

表示人行橫道內應對步行者慢速。PED為pedestrians的略寫。

Xing 為 Crossing 之略寫。

紐約(New York)	1,755.8
Buffalo	35.8
New York	707.2
Syracuse	17.0
北卡羅連納(North Carolina)	588.2
Charlotte	31.4
北達科達(North Dakota)	65.3
Bismarck	4.4
俄亥俄(Ohio)	1,079.8
Cincinnati	38.5
Cleveland	57.4
Columbus	56.5
奧克拉荷馬(Oklahoma)	302.5
Oklahoma City	40.3
荷勒崗(Oregon)	263,3
Portland	36.6
賓夕尼凡亞(Pennsylvania)	1,186.4
Philadelphia	168.8
Pittsburgh	42.4
羅德艾蘭(Rhode Island)	94.7
Providence	15.7
南卡羅連納(South Caroline)	312.2
Charleston	7.0
Columbia	10.1
南達科達(South Dakota)	69.1
Rapid City	4.6
Sioux	8.1

田納西州（Tennessee）	459.1
Knoxville	17.5
Memphis	64.6
Nashville	45.6
德州（Texas）	1,422.9
Corpus Christi	23.2
Dallas-Forth Worth	155.7
El Paso	42.5
San Antonio	78.6
猶他（Utah）	146.1
Salt Lake City	16.3
佛特蒙（Vermont）	51.1
Burlington	3.8
維珍尼亞（Virginia）	534.7
Norfolk	26.7
Richmond	21.9
華盛頓（Washington）	413.2
Seattle	49.4
Spokane	17.1
西維珍尼亞（West Virginia）	195.0
Charleston	6.4
維斯康辛（Wisconsin）	470.6
Madison	17.1
Milwaukee	63.6
懷奥明（Wyoming）	47.0
Cheyenne	4.1

這稱爲 Mileposts。此標誌沿各州之高速公路而設，以哩爲單位。用以確認自己車之位置，並在事故，故障之場合，與警察或服務業者聯絡的目標。決定 0 哩地點，也即基準地點的方法有兩個。1 個是在延長至各州的高速公路的場合，以州之境界爲基準。南北伸延的場合，以南之境界爲 0，向北行加數。東西伸延的場合，以西之境界爲基準地點。

此路不通，盡頭也。

△大都會

美國有三分之二人口居住在都市（城市與近郊），這片人口居住的地帶通稱爲大都會（Metropolitan）。下面列出28個大城之中譯：

Atlanta (Georgia)	亞特蘭大(喬治亞州)
Baltimore (Maryland)	巴爾的摩(馬利蘭州)
Boston (Massachusetts)	波士頓(麻塞諸塞州、麻省)
Chicago (Illinois)	芝加哥(伊利諾州)
Cleveland (Ohio)	克里夫蘭(俄亥俄州)
Columbus (Ohio)	哥倫布(俄亥俄州)
Dallas (Texas)	達拉斯(德克薩斯州、德州)
Denver (Colorado)	丹佛(科羅拉多州)
Detroit (Michigan)	底特律(密芝根州)
Houston (Texas)	侯士頓(德州)
Indianapolis (Indiana)	印地安那波里(印地安那州)
Jacksonville (Florida)	傑克遜維爾(佛羅里達州)
Los Angeles (California)	洛杉磯(加里福尼亞州、加州)
Memphis (Tennessee)	緬費斯(田納西州)
Miami (Florida)	邁阿密(佛羅里達州)
Milwaukee (Wisconsin)	米爾瓦基(威斯康辛州)
New Orlearns (Louisiana)	紐奧良(路易士安那州)
New York (New York)	紐約(紐約州)
Philadelphia(Pennsylvania)	費城(賓夕凡尼亞州)
Pittsburgh (Pennsylvania)	匹茲堡(賓夕凡尼亞州)
Phoenix (Arizona)	鳳凰城(阿里桑那州)
St. Louis (Missouri)	聖路易(密蘇里州)
San Antonio (Texas)	聖安東尼(德州)
San Diego (California)	聖地牙哥(加州)

牛、馬拖車及時速不超過25哩的貨車或耕作機等必須在車後顯眼位置作此紅色框邊之黃色三角板標誌。

表示剛舖裝道路，僅爲小園礫石或泥土之通道。

YIELD 是慢行的意思，放慢速度，從此起，必須把先行權讓給別的車輛。

San Francisco (California)　三藩市(加州)
San Jose (California)　聖荷西(加州)
Seattle (Washington)　西雅圖(華盛頓州)
Washington (DC)　華盛頓首都特區

△交　通

來往美國國內最基本的交通工具爲飛機和汽車。

幾乎所有的城市都有機場和定期班機。小市鎮也有 Air Taxi 的小型飛機。

1. 航空

航空公司一般分爲：

①擁有國際航線的大航空公司的 Trunk Line。

②飛行於兩、三州的 Regional Line。

③飛行於州內的 Inter a State。

④飛行於一城市內的 Commuter。

主要航空公司有：

①美國航空公司（AA）

②西北航空公司（NW）

③西部航空公司（WA）

④ Delta 航空公司（DL）

⑤東方航空公司（EA）

⑥聯合航空公司（UA）

⑦ Trans World 航空公司（TW）

一般航空公司都有特別優待機票（Individual Visit U. S. A. Fare，簡稱 YVUSA）。

2. 長途巴士

連接各城市的長途巴士公司有七家。路線網最廣的是灰狗巴士公司（Grey hound）和 Trailways。灰狗巴士公司的線路可通到加拿大。

Greyhound 的 Ameripass 和 Trailways 的 USA

表示自己的車所走的爲主車線，由右方合流。由於是同一方面，雙方必須互讓。不要馬上進入主車線，調整車速後順勢地安全合流。

Interstate Routes 表示網羅美國全土的主要幹線 Interstate Highway System。在全國各州東西南北行走。總哩數爲 42,500哩。這種道路佔全美國25%，道路編號，奇數爲南北方向，偶數爲東西方向行走。

PASS 均有在限期內任意乘坐，不限次數，並可在中途下車的「限期通用周遊券」，但只能在美國本土以外購買。

3. 鐵路

美國鐵路的建設曾爲美國帶來繁榮。但時至今日，隨着飛機與汽車的發達，已經越來越少人乘坐火車了。其實，火車寬敞的空間和豪華的瞭望車廂、餐車等設備，都是飛機與汽車所不及的。因此，若時間充裕，不妨享用一下火車。

Amtrak 爲公、民合營的公司，幹線長達 4 萬公里以上。發行外國旅客周遊券（ USA Railpass ）。

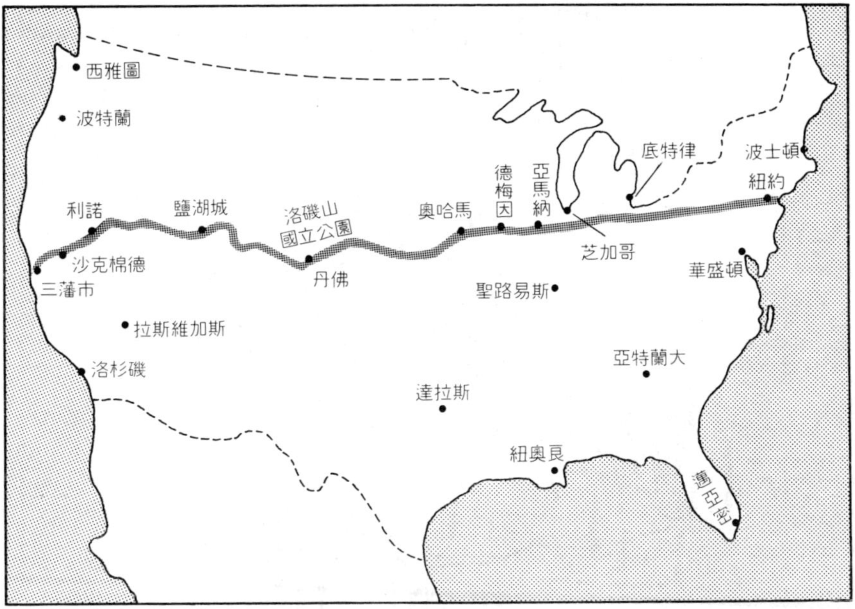

美國橫斷鐵路

全國鐵路圖

美國全國鐵道旅客公司（ Amtrak ）

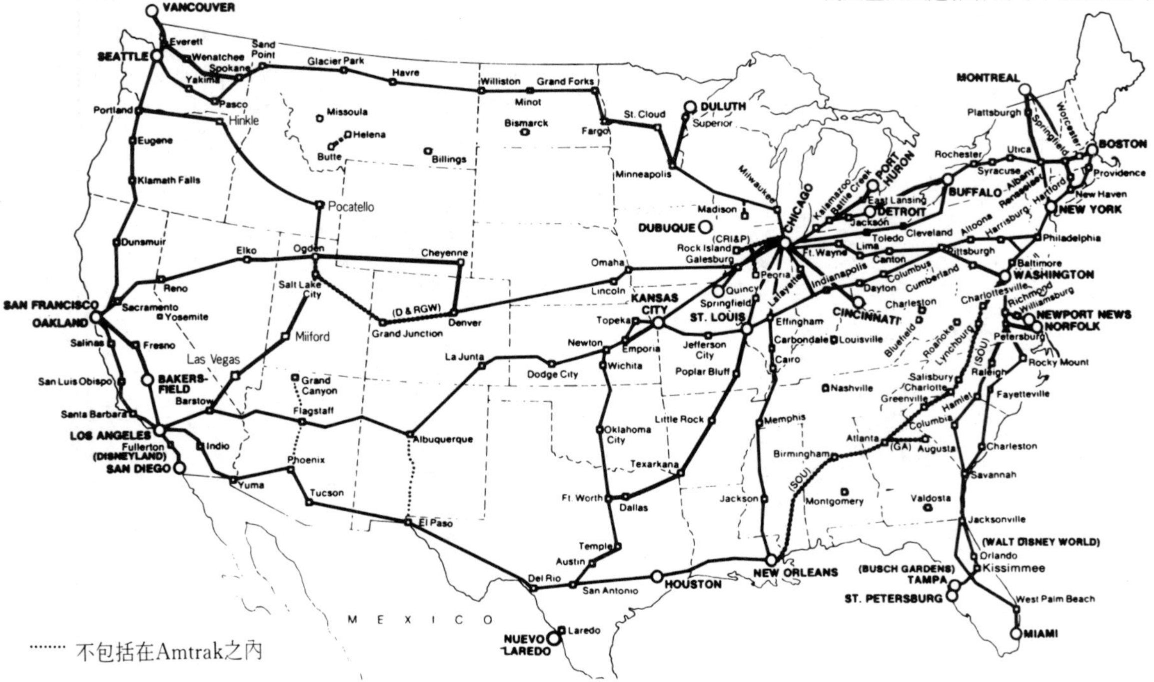

…… 不包括在Amtrak之內

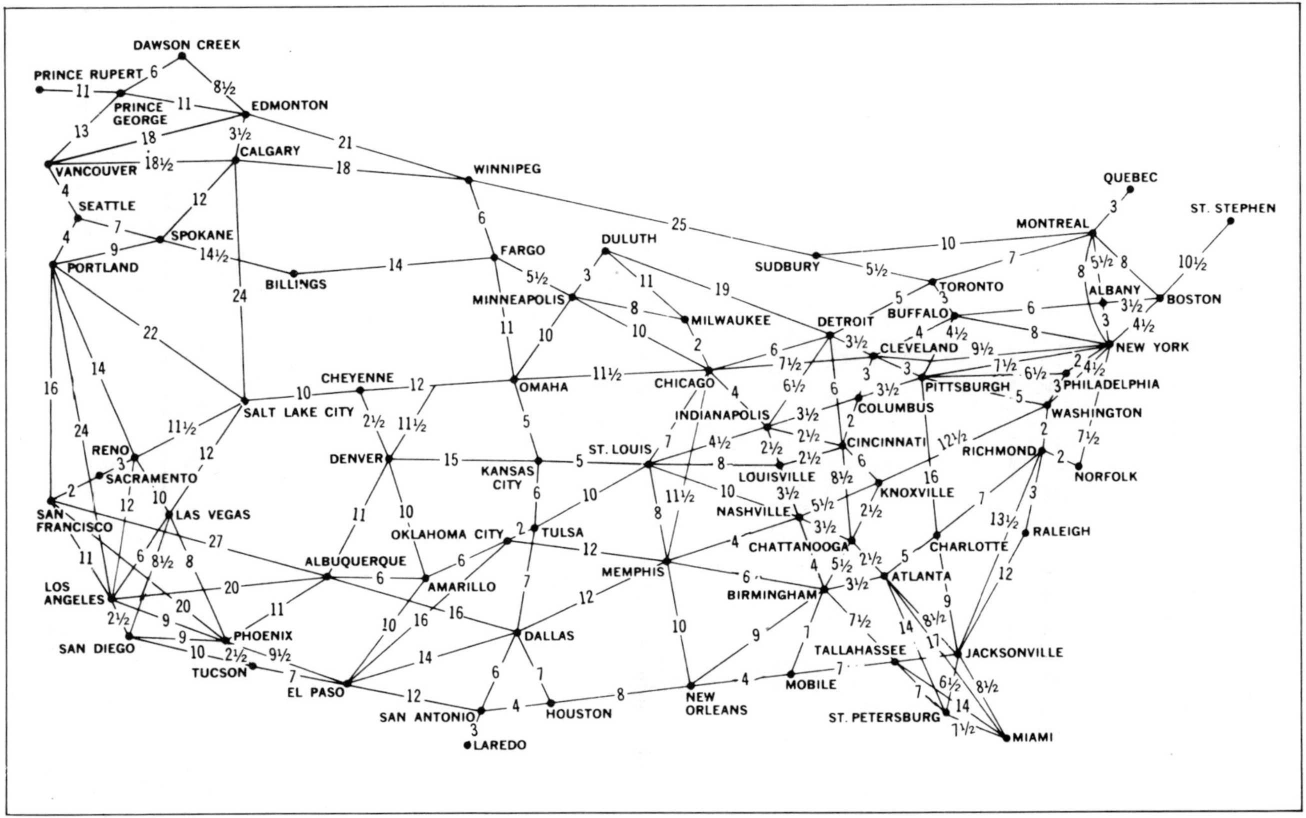
PRINCE RUPERT
DAWSON CREEK
PRINCE GEORGE
EDMONTON
CALGARY
VANCOUVER
SEATTLE
SPOKANE
PORTLAND
BILLINGS
WINNIPEG
FARGO
MINNEAPOLIS
DULUTH
SUDBURY
MONTREAL
QUEBEC
ST. STEPHEN
BOSTON
ALBANY
NEW YORK
PHILADELPHIA
WASHINGTON
NORFOLK
RALEIGH
RICHMOND
TORONTO
BUFFALO
PITTSBURGH
CLEVELAND
COLUMBUS
DETROIT
MILWAUKEE
CHICAGO
INDIANAPOLIS
CINCINNATI
LOUISVILLE
KNOXVILLE
CHARLOTTE
JACKSONVILLE
MIAMI
ST. PETERSBURG
TALLAHASSEE
ATLANTA
CHATTANOOGA
NASHVILLE
BIRMINGHAM
MOBILE
NEW ORLEANS
MEMPHIS
ST. LOUIS
OMAHA
KANSAS CITY
TULSA
OKLAHOMA CITY
DALLAS
HOUSTON
LAREDO
SAN ANTONIO
AMARILLO
DENVER
CHEYENNE
SALT LAKE CITY
ALBUQUERQUE
EL PASO
PHOENIX
TUCSON
LAS VEGAS
RENO
SACRAMENTO
SAN FRANCISCO
LOS ANGELES
SAN DIEGO

灰狗巴士線

二、美國50州概況

△美國50州州名簡稱及中譯（字母順）

Alabama（ AL ）	阿拉巴馬州
Alaska（ AK ）	阿拉斯加州
Arizona（ AZ ）	阿里桑那州
Arkansas（ AR ）	阿肯色州
California（ CA ）	加里福尼亞州（加州）
Colorado（ CO ）	科羅拉多州
Connecticut（ CT ）	康尼狄克州
Delaware（ DE ）	特拉華州
District of Columbia（ DC ）	哥倫比亞特區
Florida（ FL ）	佛羅里達州
Georgia（ GA ）	喬治亞州
Hawaii（ HI ）	夏威夷州
Idabo（ ID ）	愛達荷州
Illinois（ IL ）	伊利諾州
Indiana（ IN ）	印第安納州
Iowa（ IA ）	愛荷華州
Kansas（ KS ）	坎薩斯州
Kentucky（ KY ）	坎塔基州
Louisiana（ LA ）	路易斯安娜州
Manine（ ME ）	緬因州
Maryland（ MD ）	馬里蘭州
Massachusetts（ MA ）	痲薩諸塞州（痲省）
Michigan（ MI ）	密芝根州

Minnesota（MN）	明尼蘇達州
Mississippi（MS）	密西西比州
Missouri（MO）	密蘇里州
Montana（MT）	蒙坦那州
Nebraska（NE）	內布拉斯加州
Nevada（NV）	內華達州
Neve Hampshire（NH）	新罕普錫州
New Jersey（NJ）	新澤西州
New Mexico（NM）	新墨西哥州
New York（NY）	紐約州
North Caroline（NC）	北卡羅連納州
North Dakota（ND）	北達科達州
Ohio（OH）	俄亥俄州
Oklahoma（OK）	奧克拉荷馬州
Oregon（OR）	俄勒崗州
Pennsyluania（PA）	賓夕凡尼亞州
Rhode Island（RI）	羅德艾蘭州
South Carolina（SC）	南卡羅連納州
South Dakota（SD）	南達科達州
Tennessee（TN）	田納西州
Texas（TN）	德克薩斯州(德州)
Utah（UT）	猶太州
Vermont（VT）	佛蒙特州
Virginia（VA）	維珍尼亞州
Washington（WA）	華盛頓州
West Virginia（WV）	西維珍尼亞州
Wisconsin（WI）	維斯康辛州
Wyoming（WY）	懷奥明州

阿拉斯加
ALASKA
華盛頓
WASHINGTON
蒙坦那
MONTANA
北達科達
NORTH DAKOT
俄勒崗
OREGON
愛達荷
IDAHO
南達科達
SOUTH DAKOT
懷奥明
WEYOMING
內布拉斯加
NEBRASK
內華達
NEVADA
洛磯山
三藩市
猶他
UTAH
科羅拉多
COLORADO
坎薩斯
KANSA
加里福尼亞
CALIFORNIA
大峽谷
阿里桑那
ARIZONA
奥克
OKL
洛杉機
新墨西哥
NEWMEXICO
墨西哥
德克薩斯
TEXAS
夏威夷
HAWAII

美國地圖（50州）

蘇必利爾湖
維斯康辛
WISCONSIN
蘇達
ESOTA
荷華
OWA
密芝根湖
密芝根
MICHIGAN
休倫湖
安大略湖
伊利湖
佛蒙特
VT.
緬因
MAINE
新罕普錫
NH.
麻省 MASS.
羅德艾蘭
康尼的克 CONN.
紐約
NEW YORK
賓夕凡尼亞
PENNSYLVANIA
新澤西 NEW JERSEY
特拉華 DEL.
馬里蘭 MARYLAND
西維珍尼亞
WEST VIRGINIA
首都華盛頓
伊利諾
ILLINOIS
印第安那
INDIANA
俄亥俄
OHIO
肯塔基
KENTUCKY
維珍尼亞
VIRGINIA
北卡羅連納
NORTH CAROLINA
密蘇里
MISSOURI
田納西
TENNESSEE
阿肯色
ARKANSAS
密西西比
MISSISSIPI
阿拉巴馬
ALABMA
喬治亞
GEORGIA
南卡羅連納
SOUTH CAROLINA
路易聖安娜
LOUISIANA
傑克遜維爾
卡拉維納
佛羅里達
FLORIDA
邁亞密
墨西哥灣

△阿拉巴馬州（ Alabama ）

簡稱　AL

州名來源　意爲“打開灌木叢的人”

州都　Montgomery（蒙哥馬利）

州的箴言　保護我們的權利

州的愛稱　Cotton State

氣候　溫帶季風氣候

面積　13.4萬 km^2

人口　389萬人（1980年）

主要城市　伯明翰，莫比爾

特點　州的標誌爲火神伏爾甘。

1822年南北戰爭前奴隸所建之 Arlington，仍保存着當時的家具、日常用品等等。Birmingham Art Museum 藏有不少文藝復興時期的美術品。

△阿拉斯加州（ Alaska ）

簡稱　AK

州名來源　愛基斯摩語，意爲“廣大的土地”

州都　Tuneau（米諾）

州的箴言　希望在北方

州的愛稱　The Last Frontier

氣候　近北極圈，但氣候比較溫暖，最低溫度爲－10.9℃，最高溫度爲13.9℃。

面積　151.9萬 km^2

人口　40萬人

主要城市　安哥雪奇

特點　因美軍基地，北極圈航道以及阿拉斯加油田開發而發展起來。

安哥雪奇爲觀光哥倫比亞冰河與 Mckinley 高

峯之觀光基地。市容美麗整潔，曾得過兩次「全美國城市獎」。市名傳統由政府在船下錨地建了很大的卸貨甲板，並在其上大書Anchorage（投錨地）而來。

△阿里桑那州（Arizona）

簡稱　AZ

州名來源　意爲「小小的家」

州都　Phoenix（鳳凰城）

州的箴言　神不賜富

州的愛稱　Grand Canyon State

氣候　西岸海洋性氣候

面積　29.5萬 km^2

人口　272萬人

主要城市　塔克森

特點　州都鳳凰城近年因清澄的空氣和溫暖的氣候急速發展起來。因在殘存印第安優秀文化的廢墟上重建城市而得名。

此州有很多博物館。如西部劇之舞台。

鳳凰城（Phoenix）

氣溫　平均最高 7 月40℃，平均最低 1 月 3 ℃

月	1	2	3	4	5	6	7	8	9	10	11	12
最高	18	21	24	29	34	38	40	39	36	31	24	19
最低	3	6	8	12	16	21	26	25	21	14	7	4

氣候　夏天之暑熱爲全美之冠

時間　西部山岳時間。

人口　853,266（1984），全美第 9 位。

面積　839 km^2

市的誕生　1881年
電視　9台
廣播　AM 19，FM 15
大學　14間
醫院　33間
區域編號　602
機場　Sky Harbor Airport

△阿肯色州（Arkansas）

簡稱　AR
州名來源　意爲“河邊的人們”

美國唐人街

美國1983年有華裔91萬人，其中一半集結在舊金山、紐約、檀香山三地。

舊金山包括郊區共有華人20多萬，佔全市人口7％。以都板街爲中心、橫跨40個街區的唐人街，居住華人6.5萬。它以半中半西式的低層店樓和騎樓人行道，同周圍街區相區別。自格蘭特大街入“城”，有如進入30年前的佛山城。街口矗立高大中國牌坊，猶如凱旋門。沿街店鋪懸挂繁體漢字招牌，張貼吉祥如意的門聯，大紅宮燈飄着絲穗，使人忘了這是美國地界。1850年，現在的都板街開了4家中餐館。1882年美國實行排華法案，流落各地的金礦和築路華工不得不聚攏在一起，建立自己的住區來互相保護。1906年舊金山大火後，華僑經濟實力嶄露頭角，在都板街廢墟上建了九條街道，逐漸發展到今日規模。五十年代末，唐人街人滿爲患，新來的華人擴散到周圍海灣地區，在衞星城鎮建立更多唐人街。

紐約華人15萬，其中近10萬人集中在東百老滙末端、靠近華

州都　Little Rock（小石城）
州的箴言　人民作主
州的愛稱　Land of Opportunity
氣候　溫帶季風氣候
面積　13.8萬 km^2
人口　229萬人
主要城市　派因布拉夫
特點　爲溫泉療養地，溫度高達62℃的溫泉，全州有47處之多。有很多豪華的溫泉療養酒店。全年氣候溫暖，陽光充足。

爾街的唐人街。主街莫特街集中了主要商店，街心立聖人孔夫子全身塑像，街頭有“華裔軍人忠烈坊”的中式牌坊，兩側高樓林立，偶爾也有重檐大屋蓋的宮殿式建築夾在當中。街坊胡同的中國味更濃，紅磚小樓比比皆是。共辦中文日報10家、中文周報8家，期發行數18萬份。中文書店20多家，排滿大陸、台灣、香港出版的書刊，兼營中國文房四寶、工藝品。最大的產業是成衣廠，最盛時500多家，雇工數萬。紐約唐人街的居住水平略高於黑人貧民窟，但治安要比其他街區好些，法國《旅遊》雜誌曾經評它爲“紐約市最安全的地區”，認爲“中國人有自己警衛的辦法……互相依賴，緊抱成一團”。

夏威夷州華裔9.1萬人中，6萬人聚居於首府檀香山的唐人街。孫中山1879年在這裏讀書時，華人已超過7千，佔當地人口的10%。主街立有一座一人多高的孫中山銅像，街巷到處有中國雜貨鋪、乾味店、中菜館、菜市場，還有不少僑團會所、鄉族會館、觀音廟。

△加里福尼亞州（California）

簡稱　CA

州名來源　因“加利弗”此一空想地名而來

州都　Sacramento（沙克棉德）

州的箴言　發展自我

州的愛稱　Golden State

氣候　地中海性氣候

面積　41.4萬 km^2

人口　2,367萬人

主要城市　洛杉磯、三藩市、聖地牙哥

華僑與中國餐館

華僑歷史有個最概括的一般規律：一代開礦、築路、墾殖當“猪仔”（苦力），二代賣吃、洗衣、擺小攤，三代才有一些子弟學成而進入教科文、工商界。向稱“華僑三把刀”（廚刀、剪刀、剃刀）。後面兩把刀現代化了，已無華僑立足之地，只剩半把廚刀留給華僑了。

以美國為例，1849年加州發現大金礦，1862年開始興建大陸鐵路，從中國招去20萬“猪仔”，其中一部分直接參加築路、開礦，一部分在沿線、礦區從事伙食、修補等服務工作，這就是中餐館的雛型。路成礦盡之日，便是華工倒霉之時，他們既無文化、技術以覓職，又乏川資歸返祖國，只能以最原始的勞動方式來求得生存，除去為白人當雜役、洗衣外，就是砌個鍋灶，賣鹹粥、糕粿、油條、燒餅，為當地華人、黑人和貧苦白人服務。當他們站穩腳跟之後，又薦引親屬同鄉入境，此中不乏廚師和巧媳婦，生意當然更為興隆。新客們初到異國，語言不通，覓職困難，老鄉的餐館便是入門跳板，進身之路了。有了眾多餐館，中

特點　三藩市是美國的西大門。處於三大海洋包圍的半島前端。1776年建，但幾乎爲1906年的大地震所毀。重建後不久建金門大橋，整備海灣等，又很快發展起來。今天已是美國最有魅力的城市。

州都沙克棉德於1839年發現，發展則始於1848年的黃金熱潮。現爲中央平原地方的產業、經濟、輸出貿易中心。

三藩市的唐人街據說爲全美國最大的唐人街，約有商店110間。

國留學生也有了勤工儉學之所。

中國餐館也可以說是中國文化的一個窗口，那裏既有中國的飲食方式，又有中國的鄉音、文字、圖畫和音樂，中國人可以去那裏寄托相思，賓至如歸。

中國餐館店號大多以祖國的地名或吉祥詞語命名，配上旁注僑居地文字的金字中文招牌，貼上紅色對聯，挂着大紅宮燈，內部描龍畫鳳，招貼國畫和書法，陳列中國工藝品和畫册，播送中國民族音樂，使用中國陶瓷餐具。老字號的還供着財神爺趙公元師的神位，寫着“招財進寶”、“壽比南山”的字樣。單人檔、夫妻店缺少布置的空間，由於特有的食物香味和進食方式，也既留客止步。

中國餐館的經營者大多是白手起家，一天勞動十五、六小時，多數餐館的所謂“老板”都是唱獨脚戲，集老板、廚師、侍者、收帳、採購於一身；有家庭的，添上老婆當招待兼出納，子女放學回來一齊幹，羣策羣力。

洛杉磯是擁有廣大面積及衆多人口的城市。其面積爲1,186 km^2，人口爲3百多萬人，僅次於紐約。無論是對加州或全國來說，她都是一個很有代表性的工商業城市。1999年將完成世界最大的人工港建設。

加州爲全國聞名的三個「最多」州：

1. 人口最多
2. 大學生最多
3. 汽車最多

三藩市（Sam Francisco）

氣溫　平均最高9月17℃，平均最低1月10℃

月	1	2	3	4	5	6	7	8	9	10	11	12
最高	13	15	16	17	17	19	18	19	20	20	18	14
最低	8	10	10	11	12	12	12	13	13	12	11	8

氣候　冬暖夏涼。雨季差異小，雨量小。

時間　太平洋標準時間帶。

人口　712,753人（1984），全美第13位。

面積　119 km^2

市的誕生　1805年

電視　七台

大學　4間

醫院　29間

區域編號　415

國際機場　① San Francisco International Airport。

② Oakland International Airport。

特點　金門橋於1937年建成以後，便一直成爲三藩市的標誌。金門橋爲紅色懸索吊橋。橫越金門海峽，橋全長2,824公尺，高出水面227公尺，跨徑長1,280公尺，號稱「天下第一長橋」。101號高速公路自橋上通過，每天通過汽車數約10萬輛。橋下面可通巨輪。

洛杉磯（ **Los Angeles** ）

氣溫　平均最高 7 、 8 月23℃，平均最低 1 、 2 月13℃

月	1	2	3	4	5	6	7	8	9	10	11	12
最高	19	19	21	22	24	25	29	29	28	25	23	20
最低	7	8	10	11	13	15	17	17	16	13	11	9

氣候　全年溫暖，雨量少。

時間　太平洋岸標準時間。

人口　3,215,506人（1986年），全美第 2 位。

面積　1,204 km^2

市的誕生　1850年

電視　18台

廣播　AM 32，FM 40

大學　11間

醫院　822間（約 8 萬張床）

區域編號　213

國際機場　Los Angeles International Airport。飛機起飛數佔全美第 3 位。

△科羅拉多州（ Colorado ）

簡稱　Co

州名來源　西班牙語，意爲「紅色的」

州都　Denver（丹佛）

州的箴言　神無處不在

州的愛稱　Centennial State

氣候　草原氣候

面積　27.0萬 km²

人口　289萬人

主要城市　科羅拉多泉市

特點　州都丹佛由於海拔1,610m，故愛稱爲“海拔1萬米的城市”。由於洛磯山而成爲全國有名的健康保養城市。發展於黃金熱潮時期。
科羅拉多泉市爲洛磯山脈東麓之避暑地。

丹佛（Denver）

氣溫　平均最高7月24℃，平均最低1月－1℃

月	1	2	3	4	5	6	7	8	9	10	11	12
最高	6	8	11	16	20	27	30	29	25	19	12	7
最低	-7	-5	-2	3	8	13	17	16	11	5	-1	-5

氣候　全年溫差大，天氣多變。

時間　西部山岳時間。

人口　504,588人（1984年），全美第24位。

面積　288 km²

市的誕生　1861年

電視　5台

廣播　AM 18，FM 13

大學　5間

醫院　34間，有洛磯山脈地帶最大醫療中心。

區域編號　303

國際機場　Stopleton International Airport。機場起飛數佔全美第5位。

△康尼狄克州（Connecticut）

簡稱　CT

州名來源　印第安莫希干族語，意爲"有長河口的地方"

州都　Hartford（哈特福特）

州的箴言　移民尚須忍耐

州的愛稱　Constitution State

氣候　冷帶濕潤氣候

面積　1.3萬 km^2

人口　311萬人

主要城市　New Haven

特點　州都面臨康尼狄克河。是有名的保險業中心。Mystie Seaport 爲再現19世紀捕鯨時代之博物館。碼頭有當時之帆船及木造捕鯨船。

New Hauen 爲耶魯大學所在地。

△特拉華州（Delaware）

簡稱　DE

州名來源　由英國總督 T. W. Delaware 而來。

州都　Dover（多維爾）

州的箴言　自由與獨立

州的愛稱　First State

氣候　溫帶季風氣候

面積　0.5萬 km^2

人口　60萬人

主要城市　威爾遜頓

特點　州都建於1683年，爲當時率領教友派到新大陸的英國人威廉·平治所建，是一個充滿美國建國歷史氣氛的城市。

△華盛頓首都特區（Washington D. C）

簡稱　D. C

面積　163 km^2

人口　64萬人（其中41萬人爲政府工作人員）

時間　東部標準時間。與香港時差爲＋12小時。

氣候　溫帶季風氣候，平均最高氣溫26℃，最低－3℃。

電視　6台

廣播　AM 15，FM 16

大學　6間

醫院　43間

區域編號　202

國際機場　Dulles International Airport

林肯紀念像

首　都

華盛頓。位於波托馬克河的東北岸，正式名稱爲“華盛頓·哥倫比亞特區”（或華盛頓首都特區）。美國建國初期，國會分散在費城、巴爾的摩、普林斯頓、紐約等 8 個城市。1790年，美國首任總統華盛頓提議，在介於馬里蘭州與賓夕凡尼亞洲之間建立新都，並欲定名爲“聯邦城”。開始，他指定曾在獨立戰爭時期爲美國人服務的法國人朗方少校負責新都的設計工作，並給他配備了兩名助手。但朗方脾氣暴躁，不到一年便被免職。他一怒之下返回法國，帶走了城市設計的圖紙，使工程陷於停頓。國務卿杰弗遜召開緊急會議商討對策，正在人們一籌莫展之際，一個名叫本杰明·班內克的黑人站起來，自告奮勇接受了建都的艱巨任務。班內克曾是朗方少校的助手，他博聞强記，聰穎過人，憑着平素積累的資料和驚人的記憶力，複製出了城市設計圖樣，使建設得以重新進行。1800年，美國第三任總統亞當斯把首都從費城遷至尚未建成的新都。爲了紀念在美國獨立戰爭中做過杰出貢獻的華盛頓，便把新都命名爲華盛頓。

特點　也稱哥倫比亞特區。華盛頓一般以 Washington D. C. 表示。 D. C 即 District of Columbia 之簡稱。

華盛頓在美國歷史上是屬於第三個首都。是人造城市，由馬里蘭州及維珍尼亞提供土地。是1792年根據華盛頓總統發案建的，由第 2 屆總統約翰·亞當姆於1800年開始使用。

華盛頓首都區之人口，有70%是黑人。據說這是南北戰爭時期形成的。當時林肯總統宣佈解放奴隸，並定華盛頓爲界，在規定時間內到達

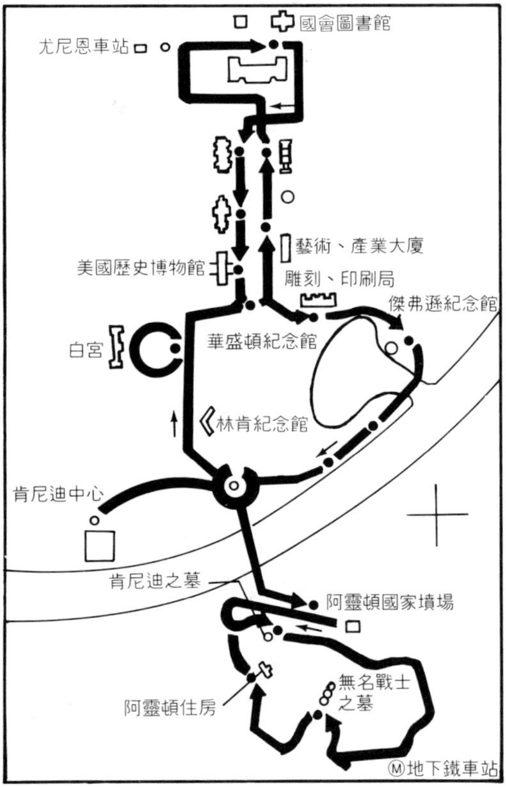

華盛頓首都特區

華盛頓的奴隸即獲解放，因此大量奴隸湧來，而形成今日局面。華盛頓作爲美國首都，有很多建築物以及名勝古跡，其中最値的一提的是白宮和國會圖書館。

白宮是美國的總統府，於1792奠定基石。由第一屆總統華盛頓選定地點，第二屆總統首次定居。白宮名稱是因爲1814年美國獨立戰爭時將英軍燒毁白宮邸未燒毁的部分，在外牆上塗白漆而得名。 1 樓東房對外開放。國會圖書館是美國也是世界最大的圖書館，據說藏書達7,300萬册，手稿3,200萬份。此外，其中有1455年用活版印刷的3卷《格登堡的聖經》，以及上有富蘭克林和約翰、亞當姆修改字跡的傑弗遜手寫的獨立宣言草稿，林肯總統的演說稿等等。

△佛羅里達州（ Florida ）

簡稱　FL

州名來源　西班牙語，意爲“花飾”

州都　Tallahassee（搭拉哈西）

州的箴言　信賴我們的神

州的愛稱　Sunshine State

氣候　熱帶稀樹乾草原氣候

面積　15.2萬 km^2

美國佛羅里達州的肯尼廸太空中心

迪士尼樂園

第一個迪士尼樂園創辦於1955年，建在美國西岸最大城市洛杉磯，佔地80平方公里，建築面積76萬平方公尺。迪士尼是米老鼠動畫片的創作者，他用豐富的想象力設計了這個樂園，並以動畫片賺的錢投資建園。

第二個迪士尼樂園，1971年建於美國東岸城市奥蘭度，佔地109平方公里，耗資8億美元。分爲“未來世界”、“世界縮影”兩大部分。“中心”佔地5平方公里，主建築是18層的摩天大厦，樓內設45個專題游樂設施；周圍是“未來世界”的6個館：宇宙能源館、大地館、通訊中心館、動力館、海洋館、生命保健館，還有其他一些次要的館。宇宙能源館屋頂安裝着8萬個聚集太陽能的收集器。“世界縮影”已建成9個國家館，各館環湖而立，仿造各國主要名勝，縮微逼眞。中國館建有祈年殿、金水橋、朝陽門牌樓、蘇州園林等；還有一座放映中國風光片的360度寬銀幕電影廳，9部放映機同步射向巨大凹形銀幕。這個樂園每年遊客1,000萬人次以上，夏季每天8萬人，同洛杉磯樂園不相上下：預計不久將突破2,000萬大關。美國人多是全家驅車前來度假，或租住於園內旅館，或自搭帳篷露營，一住十天半月，對孩子的成長起了終生難忘的啓廸作用。

第三個迪士尼樂園建在日本東京近郊的千葉縣浦安市，塡海造地而成，佔地2.11平方公里。爲日本最大游樂場。它由美國提供設計和技術，由日本公司投資，是美國前兩個迪士尼的翻版。

佛羅里達州奧蘭度的Holiday Inn（假日酒店）有各種室外遊戲設施

奧蘭度假日酒店花園中有人在寫作

太空中心有專門的大汽車將訪客送至發射台附近去參觀

肯尼迪太空中心展出之太空火箭，任人參觀照相。

人口　974萬人

主要城市　邁亞美、傑弗遜維爾、奧蘭度

特點　爲美國冬天之避寒地。自1896年鐵路開通以來急速發展。

位於半島中央奧蘭度近郊的“迪士尼未來世界”世界聞名。

邁亞美冬天溫度爲19～20℃，陽光燦爛，十分舒適。爲有名避寒勝地。

在卡拉維納角有因阿波羅計劃、太空穿梭計劃而揚名全球的肯尼迪太空中心，可免費參觀。

邁亞美（ **Miami** ）

氣溫　平均最高7、8月28℃，平均最低12、1、2月21℃

月	1	2	3	4	5	6	7	8	9	10	11	12
最高	24	24	25	27	28	30	31	31	30	28	26	24
最低	17	17	19	21	22	24	25	25	25	23	20	18

氣候　全年高溫，雨如飑下。

時間　東部標準時間。

人口　400,000人（1986），全美第34位。

面積　88 km^2

市的誕生　1896年

電視　7間

廣播　AM 18，FM 20

大學　6間

醫院　41間

區域編號　305

國際機場　Miami International Airport

△喬治亞州（Georgia）

簡稱　GA

州名來源　由英國國王喬治二世之名而來

州都　Atlanta（亞特蘭大）

州的箴言　智慧、公平、中庸

州的愛稱　Empire State of the South

氣候　溫帶季風氣候

面積　15.2萬 km^2

人口　546萬人

主要城市　薩宛納、哥倫布

特點　州都亞特蘭大，爲美國描寫南北戰爭小說《飄》（電影名《亂世佳人》）之主要舞台。市內有以該書作者馬格麗泰·密西爾命名的廣場。是南部陽光地帶中心，交通網、通信網集中。市中心的地下街，保留有1890年代該市繁華原貌。

亞特蘭大（Atlanta）

氣溫　平均最高7、8月26℃，平均最低12、1月7℃

月	1	2	3	4	5	6	7	8	9	10	11	12
最高	12	13	17	22	26	30	31	30	28	22	16	12
最低	3	3	6	11	16	20	21	21	19	13	7	3

氣候　冬天溫暖，春天多雨。

時間帶　東部標準時間。

人口　426,090人，全美第31位。

面積　339 km^2

市的誕生　1847年

電視　8台

廣播　AM 29，FM 16

大學　56間

醫院　28間

區域編號　404

國際機場　Hartsfield International Airport。爲Delta航空之總部，每日有1200班機起飛。爲世界第二大機場，僅次於芝加哥的奧哈機場。

△夏威夷州（Hawaii）

簡稱　HI

州名來源　不詳

州都　Honolulu（檀香山）

州的箴言　土地之生命靠正義維持

州的愛稱　The Aloha State

氣候　氣候溫暖

面積　1.7萬 km^2

人口　97萬人

主要城市　火奴魯魯（檀香山）、希洛

特點　這是美國在北太平洋上的一個州，包括北太平洋上的七個火山島。其中最大的島爲夏威夷島。島上的活火山成爲國立公園，是重要收入來源。

州都檀香山爲太平洋海空航路要地，人口約63萬，多日裔美籍人。

1959年升格爲州，成爲美國的第50個州。

△愛達荷州（Idaho）

簡稱　ID

州名來源　意爲“山上之光”

州都　Boise（博伊西）
州的箴言　永遠向你祈求
州的愛稱　Gem State
氣候　草原氣候
面積　21.6萬 km^2
人口　94萬人
主要城市　愛達荷福爾斯
特點　州都博伊西之名由 Ies Bois 而來，是個名副其實的樹木多而美麗的城市。原爲西班牙東北部巴斯克人入殖土地，故至今居民仍多爲巴斯克裔，並保留其傳統文化。
本州位於洛磯山脈西側之哥倫比亞高原上。以鉛、銀礦業和林業爲主要產業。

△伊利諾州（Illinois）

簡稱　IL
州名來源　易洛魁族語，意爲“優秀的民族”
州都　Springfield（斯普林菲爾德）
州的箴言　州的主權，國家的統一
州的愛稱　Inland Empire
氣候　冷帶濕潤氣候
面積　14.6萬 km^2
人口　1,142萬人
主要城市　芝加哥
特點　芝加哥是美國的第 3 城市，位於密芝根湖西南岸。自古以來就是交通要道，其奧哈國際機場（O'Hare International Airport）是美國也是世界最大機場。
自1871年大火燒毀城市後，即重建成爲近代建築發祥地。西爾塔（Sears Towers）爲超越紐

新興的垃圾工業

垃圾工業指的是盈利的垃圾機械製造業和垃圾處理業。美國垃圾成災，“時勢造英雄”，應運而興了完整的垃圾工業體系，每年利用垃圾 5 億噸以上，年營業額180億美元，使成百萬人獲得就業機會。

美國從1980年起禁止向河川傾倒有毒廢品，1982年起禁止向海洋排泄污泥，1985年前掃蕩全國的垃圾場，違者罰款、封廠或判刑，迫使有關廠商求助於排污除廢機械，許多專業垃圾公司紛紛成立。全國已有220個城市對廢品分類收集處理，每年單空鋁罐就回收70億個，價值5,300萬美元。六十年代興起的三家垃圾公司，成了全國性的托拉斯，包攬全國15%的垃圾處理量，年營業額20億美元以上。其中芝加哥廢料管理公司還是世界第一家垃圾跨國公司。馬里蘭州薩加市一家動力廠，收集12個市鎮的垃圾作燃料，每日節約燃油7.3萬噸。波特蘭市利用每天2,000多噸垃圾辦了 3 個沼氣廠。而世界最大的用垃圾生產甲烷的工廠已在紐約投產，日產甲烷28.3萬立方米，冬季可向 1 萬戶居民供暖。

約的世界貿易中心大樓的世界最高建築物，高達443公尺。爲芝加哥「趕、超紐約」的最新象徵。建於1973年。

芝加哥（ Chicago ）

氣溫　平均最高 7 月24℃，平均最低 1 月－ 4 ℃

月	1	2	3	4	5	6	7	8	9	10	11	12
最高	1	2	7	15	21	27	30	29	25	18	9	2
最低	-8	-7	-2	4	10	15	18	17	13	7	-6	-6

麥當奴漢堡包

美國399家快餐托拉斯（公司），幾乎壟斷了全國快餐市場。1982年美國快餐營業額355億美元，麥當奴公司一家佔了近五分之一，列為世界最大快餐公司。1983年麥當奴的營業額達81.6億美元。

食品工具推銷員雷·克羅克，1955年在芝加哥開辦第一家麥當奴食品店，專售夾牛肉餅的漢堡包。他用的牛肉選自特定的養牛場，又鮮又嫩。剛從烤箱出來的熱面包，橫切一刀，夾上剛煎好的一塊牛肉餅，再配上生菜、西紅柿、酸黃瓜、乳酪，香味四溢。克羅克創出了牌子，全國到處有人要推銷他的漢堡肉餅，於是麥當奴分店如滾雪球一般推向全國。1983年發展到國內分店6,000家，國外分店1,600家，總資產303億美元。克羅克本人也從一名小店員，變成擁有5億美元以上財產的美國第12大富翁（1984年初病故）。

麥當奴每日平均售出漢堡包1,200萬個，不管是國內或國外分店，規格相同，都帶有特有風味，僅僅為了適應當地人的口味而稍有變化。它是靠麥當奴漢堡包大學來保證質量的，各店製餅師傅都是這所大學畢業的“漢堡包學”學士。

氣候　夏天涼爽，冬天嚴寒。

時間　中部標準時間。

人口　2,992,472人（1980），全美第3位。

面積　591 km^2

市的誕生　1837年

電視　9台

廣播　AM 8，FM 19

大學　95間

醫院　123間以上

區域編號　312

國際機場　O'Hare International Airport。飛機起飛數佔世界第一。

特點　芝加哥自1871年大火後，依據優秀的城市計劃重建，摩天大樓之外，還有綠地，是個端正而又活潑的現代化城市。

芝加哥除了有全美國最高層大厦西爾塔外，其芝加哥大學及論壇報大厦都是值得一提的。芝加哥大學建於1890年，出了很多諾貝爾獎得主，現有學生8萬名。論壇報大厦建於1925年，爲論壇報總部（論壇報銷數高居全美第三位）。大厦外牆嵌着的鋼板，刻有該報曾刊載過的世界各國建築物之縮影及重大歷史消息。

△印第安納州（Indiana）

簡稱　IN

州名來源　意爲“印第安的土地”

州都　Indianapolis（印第安納波利斯）

州的箴言　美國的十字路口

州的愛稱　Hoosier State

氣候　冷帶濕潤氣候

面積　9.4萬 km^2

人口　549萬人

主要城市　加里、埃文斯維爾

特點　州都是中西部平原地帶的穀物集散地，也以工業而繁榮。但使它馳名天下的則是每年5月舉行的500哩賽車比賽（Indianapolis Motor Speedway 500 Mile）。賽車場位於市區西方。全長4 km，周圍有容23萬觀衆的席座。附屬博物館陳列有自1909年至今的優勝車。

Gary 是密芝根湖畔城市，世界鋼鐵業中心。人口18萬。

△愛荷華州（Iowa）

簡稱　IA

州名來源　意爲“睡者”

州都　Des Moines（德梅因）

州的箴言　我們尊重自由，保持權利

州的愛稱　Hawkeys State

氣候　冷帶濕潤氣候

面積　14.6萬 km^2

人口　291萬人

主要城市　塞達拉皮茲

特點　此州爲農業王國。每年 8 月在州都德梅因學行州博覽會，會場內的 Heritage Village，再現土造的房子、教堂等19世紀的愛荷華城鎮。

△坎薩斯州（Kansas）

簡稱　KS

州名來源　意爲“南風族人”

州都　Topeka（托皮卡）

州的箴言　越過苦難，走向光榮

州的愛稱　Sunflower State

氣候　冷帶濕潤氣候

面積　21.3萬 km^2

人口　236萬人

主要城市　坎薩斯城、維基塔、Dodge City

特點　托皮卡西160 km 的 Abilene 是艾森豪威爾總統出生地，那裏有其博物館及故居。州都議事堂內有該州出生的畫家約翰·加利描繪的有名壁畫。

Gage Park 公園內有“移民村”，重現開拓移住者的住家。

△肯塔基州（Kentucky）

簡稱　KY

州名來源　意爲“明日的土地”

州都　Frankfort（法蘭克福）

州的箴言　團結強大，離散軟弱

州的愛稱　Bluegrass State

氣候　冷帶濕潤氣候

面積　10.5萬 km^2

人口　366萬人

主要城市　Louisville、列基盛頓

特點　本州之 Bourbon 縣（郡）是代表美國的威士忌 Bourbon 的故鄉。Bourbon 地名來自法國路易16的 Bourbon 王朝，以記念他支持美國獨立軍。

州內 Hodgenville 是林肯總統誕生地，爲美國國定史跡。

州西南有石灰岩洞。

Louisville 爲俄亥俄河沿岸城町，爲威士忌、香烟集散地。周圍一帶，尤其是列基盛頓是肯塔基馬（英國純種馬）的產地。每年 5 月的肯塔基賽馬世界有名。

△路易斯安娜州（Louisiana）

簡稱　LA

州名來源　由法蘭西國王路易14世之名而來

州都　Baton Rouge（巴吞魯）

州的箴言　團結、正義、信心

州的愛稱　Pelican State

氣候　溫帶季風氣候

面積　12.6萬 km^2

人口　420萬人

主要城市　紐奧良

特點　紐奧良爲美國犯罪率最高之城市。位於本州與密西西比河的三角洲上。原是法國領土，曾轉給西班牙，後回歸法國，最後成爲美國領土。因此有南歐市容以及爵士音樂。在美國衆多大城市中風格特異，遊客很多。

此處有不少遊船供遊客作遊密西西比河之旅。

路易斯安娜室內體育館在世界體育館中稱冠。

每年1月1日舉行全美國足球大賽。

紐奧良（ New Orleans ）

氣溫　平均最高7、8月29℃，平均最低1月13℃

月	1	2	3	4	5	6	7	8	9	10	11	12
最高	18	20	22	26	29	32	33	33	31	27	21	19
最低	9	10	13	17	20	24	25	25	23	19	13	10

氣候　冬暖。3月至9月高溫多雨。

時間　中部標準時間。

人口　559,101人（1984），全美第22位。

面積　517 km^2

市的誕生　1805年

電視　7台

廣播　AM 12，FM 10

大學　7間

區域編號　504

國際機場　Moisant International Airport

特點　因曾受法國、西班牙的統治，該市成爲美國最有異國情調的城市。

△緬因州（ Maine ）

簡稱　ME

州名來源　由法國舊領地名稱 Maine 而來。

州都　Augusta（奧古斯塔）

州的箴言　我來領導

州的愛稱　Pine Tree State

氣候　冷帶濕潤氣候

面積　8.6萬 km^2

人口　113萬人

主要城市　波特蘭

特點　州東部有一漂浮在大西洋的島，面積15,000 km^2，是個風景地，爲國立公園（ Aeadia National Park ）所在地。境內海岸線長，內陸部分樹林常綠，還有無數的分散的溪流和湖泊。自然環境富有變化，美麗悅目。

△馬里蘭州（ Maryland ）

簡稱　MD

州名來源　由英國查爾斯 1 世皇妃 H. Mary 之名而來。

州都　Annapolis（安納波利斯）

州的箴言　男子風度，女子言語

州的愛稱　Old Line State

氣候　冷帶濕潤氣候

面積　1.7萬 km^2

人口　422萬人

主要城市　巴爾的摩

特點　州都離首都華盛頓不過56 km，也是一個港口城市。市內有海軍博物館與海軍士官學校，還有獨立後曾作合衆國議事堂使用的州廳 State House 等等。

巴爾的摩爲美國有數的工業、港灣城市。市南部有英美戰爭之史跡 Fort MeHenry，這是美國國歌誕生的地方。

△麻薩諸塞州（麻省 Massachusetts）

簡稱　MA

州名來源　意爲“大山”

州都　Boston（波士頓）

州的箴言　用刀劍爭取和平，自由之下的和平

州的愛稱　Bay State

氣候　冷帶濕潤氣候

面積　2.1萬 km^2

人口　574萬人

主要城市　Springfield、劍橋

特點　州都波士頓爲美國獨立戰爭發源地。她是在1603年爲乘坐五月花號輪船的新教徒發現，並成爲英國領地的。1770年的波士頓屠殺事件，1773年的波士頓茶葉事件，使住在波士頓的英國移民對英國高壓政策不滿，而有了獨立的氣勢。1775年 4 月英軍企圖强奪武器庫的消息使決心爭取獨立的波士頓民兵和英軍開戰，掀開獨立戰爭序幕。

今天的波士頓是一座文化氣息濃厚的城市。聞名全國的哈佛大學，麻省理工學院均在波士頓。此外，波士頓的保險事業也很發達。市內有超高層的保險公司大樓及50多個保險公司的

總部。目前正推行城市再開發計劃。

波士頓（**Boston**）

氣溫　平均最高7、8月22℃，平均最低1、2月－2℃

月	1	2	3	4	5	6	7	8	9	10	11	12
最高	3	3	7	13	19	25	27	26	23	17	11	5
最低	-6	-6	1	4	10	15	18	18	13	8	3	-3

氣候　夏天暑熱，冬天下雪。

時間　東部標準時間。

人口　570,719人（1984年），全美第20位。

面積　122 km^2

"自由的足迹"

美國最老的城市波士頓（建城於1630年），有一條"自由的足迹"。保留了一批最有意義的歷史文物，被譽爲美國的"革命博物館"。"足迹"全長3公里，從市政大樓前的廣場開始，用紅漆塗在路面上，用箭頭引向一處處古建築。州議會舊樓，是最早宣讀《獨立宣言》的地方。譽稱"自由搖藍"的範樂會堂，是當年抗英活動的中心。北城禮拜堂鐘樓，曾在1775年4月19日懸起兩盞明燈，向起義志士通風報信，導致了武裝抗英的"響徹全世界的第一槍"。箭頭最後指向的議會大街橋頭海邊的一艘帆船，是當年"海狸"號運茶船的複製品，現在的"茶葉黨博物館"。1773年12月間，波士頓茶葉黨人喬裝爲印第安人，混上"海狸"號船艙，將來自亞洲的9萬磅茶葉推入海中，抗議英國殖民當局徵收茶葉稅。掀起了美國獨立戰爭之序幕。

市的誕生　1822年

電視　7台

廣播　AM 9 FM 8

大學　16間

報紙　Gloue、Herald America（銷數都在30萬左右）

區域編號　617

國際機場　Legan International Airport

特點　這是一個歷史悠久、文化氣息濃厚的城市。

△密芝根州（Michigan）

簡稱　MI

州名來源　意爲“大湖”

州都　Lansing（蘭辛）

州的箴言　快樂的半島就在身邊

州的愛稱　Great Lake State

氣候　冷帶濕潤氣候

面積　15.1萬 km^2

人口　926萬人

主要城市　底特律、大拉皮茲

特點　位於州東南部的底特律是有名的汽車產業中心。生產佔全美23%的汽車總台數。市內有汽車大王福特設立的Greenfield Village（文化村），佔地廣大，集中了17～19世紀各時代之建築物。其隔鄰爲The Henry Ford Museum博物館，展出自開拓時代至現代的機械、工藝品、家具等等。

△明尼蘇達州（Minnesota）

簡稱　MN

州名來源　意爲“天藍色的水”

州都　St. Paul（聖保羅）

州的箴言　北方之星

州的愛稱　North Star State

氣候　冷帶濕潤氣候

面積　21.8萬 km^2

人口　408萬人

主要城市　明尼亞波里、達爾斯

特點　州都與明尼亞波里被稱爲雙子星城市。州都歷史悠久，擁有不少維多利亞王朝風格的美麗房子，也擁有9間大學和90個以上的公園。是一個美麗寧靜的城市。也是美國第二大食用肉類市場。明尼亞波里爲本州最大城市，因密西西比河上游的聖安東尼瀑布的製粉業發迹。市內除聖安東尼瀑布外，還有明尼哈哈瀑布，她是詩人朗費羅詩中提過的瀑布。以瀑布爲中心，有明尼哈哈公園，中有1820年的 Snelling 城堡，再現當時士兵、洗衣婦、鐵匠工作情景。此州優待海外學生，大學不收海外學生附加費。

△密西西比州（Mississippi）

簡稱　MS

州名來源　意爲"大河"

州都　Jackson（傑克遜）

州的箴言　拿着勇氣和武器

州的愛稱　Magnolia State

氣候　溫帶季風氣候

面積　12.4萬 km^2

人口　252萬人

主要城市　Natchez

特點　Natchez是一座位於懸崖的城市，俯望密西西比河。南北戰爭前是一個相當繁榮的城鎮，如今仍殘留多所豪華大宅。全年公開開放的美麗房子也很多。此處是可尋覓密西西比州200年歷史踪迹的Natchez Trace Parkway的起點。道路斜穿州內，全長480 km。

△密蘇里州（Missouri）

簡稱　MO

州名來源　意爲“大泥濘”

州都　Jefferson City（謝菲遜市）

州的箴言　人民的幸福就是最高的法律

州的愛稱　Show Me State

氣候　冷帶濕潤氣候

面積　18.0萬 km^2

人口　492萬人

主要城市　聖路易、堪薩斯城

特點　聖路易以布魯斯舞聞名。位於密西西比河中游。市名由法國國王命名。它在西班牙殖民地時代和法國殖民地時代就很有名。成爲美國領土後，因成爲西部開拓之據點而繁榮一時。

聖路易（**Saint Louis**）

氣溫　平均最高7月27℃，平均最低1月1℃

月	1	2	3	4	5	6	7	8	9	10	11	12
最高	5	7	12	19	24	30	33	31	27	21	12	7
最低	-3	-2	2	8	14	20	22	21	17	11	3	-2

時間帶　中部標準時間。

人口　429,296萬人

面積　158 km²

市的誕生　1822年

電視　6台

廣播　35台

醫院　65間

大學　華盛頓大學等30間

區域編號　314

國際機場　無

國內機場　Lambert Municlpal Airport

△蒙坦那州（Montana）

簡稱　MT

州名來源　由西班牙語“山國”而來

州都　Helena（赫勒納）

州的箴言　金子和銀子

州的愛稱　Treasure State

氣候　高山氣候

面積　38.1萬 km²

人口　79萬人

主要城市　大瀑布城

特點　州西北部是地跨美加兩國的冰河公園，正式名稱（1932年統一）爲 Waterton-Glacier Int'l Peaee Park。面積4587平方公里，公園內有3000公尺高的洛磯山脈，還有60多條冰河與冰河所形成的200個左右的湖與溪流。此公園名聲响亮，裏面有很多美洲大陸特有的動植物。據說若要認眞遊覽，需花一個月的時間。

△內布拉斯加州（Nekraska）

簡稱　NE

州名來源　奧馬哈族語，意爲“清澈之水”

州都　Lincoln（林肯）

州的箴言　法律面前的平等

州的愛稱　Cornhusker State

氣候　冷帶濕潤氣候

面積　20.0萬 km^2

人口　157萬人

主要城市　奧馬哈

特點　州都Lincoln位於鐵路線上，爲農牧業中心，是玉米、小麥、牛等集散地。人口20萬。

奧馬哈位於州東端，面臨密蘇里河。有美術記念館和歷史博物館。此外還有一個以收孤兒爲目的而建設起來的城鎮Boys Towns。

△內華達州（Nevada）

簡稱　NV

州名來源　西班牙語，意爲"爲雪覆蓋"

州都　Carson City（卡森城）

州的箴言　一切爲了祖國

州的愛稱　Sagebrush State

氣候　地中海性氣候，草原氣候

面積　28.6萬 km^2

人口　80萬人

主要城市　拉斯維加斯，利諾

特點　因於1931年將賭博合法化，又制定了簡易結婚與離婚的法律。至80年代，成爲「三高」之州：犯罪發生率最高，人口增加率最高，離婚率也最高。

拉斯維加的一條街 The Strip 爲美國也是世界最大的一條歡樂街，長達 5 km。據說，僅街上一間酒店的耗電量就等於人口 6 千人城鎮的耗電量。

利諾也是一個賭城，位於海拔1,350公尺的高地上。人口僅10萬，但遊客衆多，被稱爲「世界最大的小城」。

△新罕普錫州（ New Hampshire ）

簡稱　NH

州名來源　由英國的罕普錫地方名而來

州都　Concord（康科德）

州的箴言　不自由，毋寧死

州的愛稱　Granite State

氣候　冷帶濕潤氣候

面積　2.4萬 km^2

人口　92萬人

主要城市　樸茨茅斯

特點　樸茨茅斯爲1684年建之歷史港灣城市。有遠古開拓時代建築物的 Sbraueberry Bank 和 John Paul Jones House 等。

△新澤西州（ New Jersey ）

簡稱　NJ

州名來源　由英國海峽之澤西島名而來

州都　Trenton（特倫頓）

州的箴言　自由與繁榮

州的愛稱　Garden State

氣候　冷帶濕潤氣候

面積　2.0萬 km^2

人口　736萬人

主要城市　大西洋城、紐瓦克

特點　大西洋城是東方之賭城，與西方的拉斯維加斯、利諾均爲公開之賭城。以美國小姐

（Miss America）選美大會的會場而揚名世界。它原來是一個長200 km的白色海灘，是東部唯一的高級海水浴場。紐約的紐瓦克機場Newark International Airport借地建在此州的紐瓦克市內。

△新墨西哥州（New Mexico）

簡稱　NM

州名來源　新的墨西哥之意

州都　Santa Fe（聖大非）

州的箴言　前進中成長

州的愛稱　Land of Enchantment

氣候　沙漠氣候

面積　31.5萬 km^2

人口　130萬人

主要城市　阿爾伯克基

特點　州都聖大非爲海拔2000多尺的高原城市。是建於1609年的密西西比河西岸最古老的城市。仍存1610年城塞兼西班牙總督邸，1909年起成爲博物館。

市北56公里之洛斯阿拉莫斯（Los Alamos）有一個原子力研究所，第一個原子彈就是在這裏試驗的。

阿爾伯克基爲本州最大城市。有西班牙時期的Oldtown。另有原子力博物館（National Atomic Museum）。

州東南近德州邊境處，有一石灰岩大洞。地下空洞深達107公尺，爲現存最大、最古的岩洞，其周圍已定爲國立公園，名爲Carsbard Caverns National Park。

△紐約州（ New York ）

簡稱　NY

州名來源　由英國的約大使（後來的詹姆世二世）的名字而來

州都　Albany（奧爾巴尼）

州的箴言　永遠前進

州的愛稱　Empire State

氣候　冷帶濕潤氣候

面積　12.8萬 km^2

人口　1,756萬人

聯合國

美國紐約最繁華的曼哈頓島東河之濱，有一塊7.29萬平方米的土地，由聯合國警察警衛着，它不屬任何一國，是世界上唯一的一塊“國際領土”。它東以東河爲界，面向海洋，西邊的聯合國廣場與美國領土——曼哈頓東區第42至48街相接。正式地址是：紐約10017。電話：（212）754－1234。

聯合國是1945年10月24日成立的。同年12月10日美國國會通過決議，邀請聯合國到美國設立永久總部。1946年 2 月14日，在倫敦舉行會議的聯合國大會接受美國邀請，到紐約設立秘書處，先後借過好幾個地方辦公。1946年底，聯合國用洛克菲勒的850萬美元贈款買下東河濱一塊地皮。紐約市政府也贈給鄰近的一些土地和當中的插花地，讓其成片；同時給予海岸權和通行權，並承擔總投資3,000萬美元的周圍拆遷改建任務。1947年，美國與聯合國簽署特權和豁免協定，承認“國際領土”的特殊地位。1949年聯合國四周年之際，在紐約聯合國城地基上舉行聯合國大會，給大厦奠了基，1951年全部建成。

主要城市　紐約，水牛城，羅徹斯特

特點　紐約州因紐約市而聞名。紐約市不是美國的首都，但在很多人心目中她就是美國的代表。別名"The Big Apple"。她有世界聞名的聯合國總部大廈、自由女神像、金融中心華爾街、帝國大厦、世界貿易中心等等。

紐約市包括中心的曼哈頓區和以下四個區：布魯克林區、皇后區、布隆克斯區以及李奇蒙區（斯坦頓島）。

紐約之水

位於哈得遜河口的紐約城，1835年已有人口30萬，因潮差大，河水鹹，用水靠掘井解決。1842年，在市北攔截一條小支流克羅頓河，築起水庫，引水入城，開始有了自來水。隨着城市的擴大，當年僻遠的庫址已經成了市區，現在的中央公園就是紐約自來水的發源地。

後來又在西北陸續攔截了5條河流，鑿通凱茨奇爾山，鑽過哈得遜河河底，通過直徑4米以上的引水隧道，將河水引入市內自來水廠，保證全市每天70億升的供水量。引水隧道穿過哈得遜河最爲艱巨，最深的在海平面下330米，據稱是西半球僅次於巴拿馬運河的最大工程。

紐約市民每人每日飲用、炊事用水7.5升，工廠用水400升，加上清潔用水，紐約水廠每日供應600升水。

紐約的自來水合乎標準，可以生飲。但管道維護不善，漏水、跑水嚴重，每日白白流失3億多升，相當一個50萬人口城市的供水量。1981年酷旱，紐約市曾宣佈進入緊急狀態，强制居民減少用水25%。

曼哈頓區就是曼哈頓島，以中央公園爲中心。

布魯克林區是曼哈頓南部長島之西南端。爲現今五個區中，人口最多之一區，約爲230萬人。

皇后區在長島西，緊靠着布魯克林區，面積最大，素以工業地帶聞名。

布隆克斯區在曼哈頓島東北方，與曼哈頓有土地相連。

斯坦頓區是個海島，位於曼哈頓南部。面積大，但人口最少，居民多爲荷蘭人後裔。

水牛城爲紐約州另一主要城市，位於世界聞名的尼亞加拉瀑布入口處安大略湖沿岸。有國際機場 Buf-

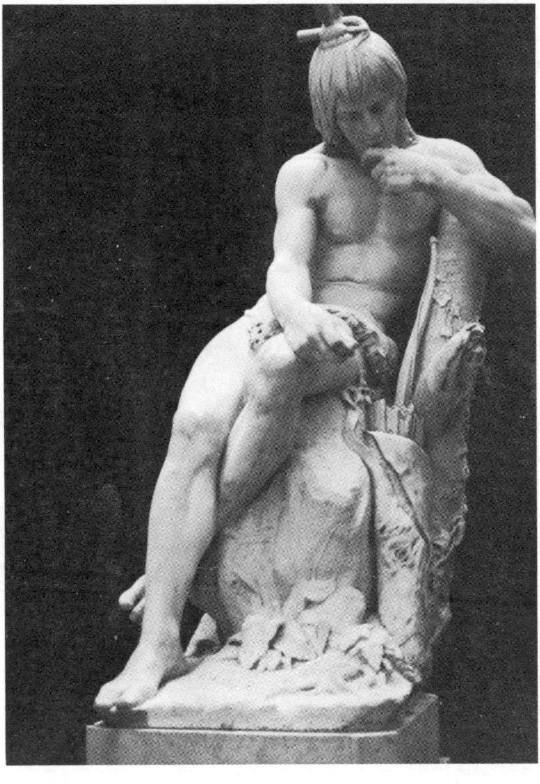

紐約大都會博物館中，根據朗費羅（Longfellow）的長詩《海爾華莎》雕塑的海爾華莎像。

falo International Airport

伊利湖流向尼亞加拉河後在向北流入安大略湖中時，造成兩個落差約50公尺的瀑布，即爲世界聞名的尼亞加拉瀑布。靠美國紐約州一邊的稱爲美國瀑布，靠加拿大安大略州一側的稱爲加拿大瀑布，由於成馬蹄形，也稱馬蹄形瀑布。這兩大瀑布帶動美加兩國此區的旅遊觀光業。

紐約是美國人口最多的城市，紐約州是70～80年10年間人口減少率最高之州。

紐約（ **New York** ）

氣溫　平均最高爲 7 月24℃，平均最低爲 1 月 1 ℃

紐約百老滙大道

百老滙大道是紐約的商業、文娛總滙，全長25公里，寬22～45米，南北貫通曼哈頓島。曼哈頓島是紐約的中心區，南北向11條大街稱“大道”；東西向稱“街”，以數字排列，從第 1 街編到第179街。百老滙大道被衆多的號數街横穿，令人眼花繚亂，但人們可以從紐約時報廣場、麥迪遜廣場等重要標誌來辨別方向。

百老滙的摩天大厦、商場、飯店，等等，與西方城市大同小異，不必細說。更大的特色是犬馬聲色，無奇不有，從最高尚的到最低級的娛樂場所都有。大街上滙集1,000個座位以上的大戲院40家，專門上演國內外有影響的大型歌劇，每張門票25～45美元；人們記不清那一家家劇院的名稱，籠統稱之爲“百老滙劇院”。羅列電影院上百家，大都上映首輪新片。還有數不清的小劇院、成人影院。

月	1	2	3	4	5	6	7	8	9	10	11	12
最高	5	5	10	15	21	26	28	27	24	19	12	6
最低	-3	-1	1	6	12	17	20	19	16	10	5	-2

廉價市場

美國各城都有廉價（舊貨）市場，貨源來自搬家、清倉、關店、垃圾堆，等等，尤以搬家爲最。不少是八九成新貨，以四、五折出手，聰明人懂得去那裏揀便宜。也有論袋計值的，七、八美元任你裝走一塑料袋。想突擊結婚，來到市場，很快就能配齊新房。上層人士不屑光顧，下層百姓以實惠爲第一。

美國一些體育館場樂於承辦廉價市場，其票房收入比球賽更可觀。在那裏，人們買了一張入場劵，便可在內交易。有些企業的同事相約來“聚會”，各帶不用的物件來交換，尚餘的賤價拍賣。喬遷者先來這裏擺一天地攤，處理舊物，好輕裝移居。

紐約至今保留300年前的“廟會”集市，地點在市中心曼哈頓區 9 馬路西37街到西57街1.5公里長的大街上，時間爲每年 5 月第二周的周末兩天。一從上午11時起，汽車就只許橫穿交叉道，整段大街成了步行者的天堂，平日怕車撞碰的市民紛紛麇集來此閑逛。全市攤販大會師；窮孩子也擺它兩天小攤，聊補家計。飲食檔佔有80%地盤，50多個民族的風味大檢閱，香味四溢。街角搭起若干舞台，業餘的歌手、舞蹈家大顯身手。弄蛇玩鳥的，吹笛子的，玩雜耍的，相手紋算命的，賣古董，販舊書，售故衣……各得其所，沒有一處冷場。許多商號播起樂曲助興。正午一時，市長帶了樂隊和小學生歌舞隊光臨，巡場一周，與民同樂，萬衆歡騰，廟會進入了最高潮。

時間　東部標準時間。

人口　7,164,742人（1984），全美第1位。

面積　787 km^2

市的誕生　1898年

電視　6台

廣播　29台

醫院　29間

大學　100間以上

區域編號　212

國際機場　① John F. Kennedy International Airport（簡稱J. F. K.機場）

② Newark Airport

特點　這是一個充滿活力的城市，但也是一個犯罪率相當高的城市。不過，它雖然充滿危險，從世界各地來的旅客、移民，依然逐年增加，並且被認爲是最受歡迎的城市之一。究其原因，可能是因爲它是一個處於現代化尖端的城市。不畏懼革新，不但領導世界時裝的潮流，即使劇場也經常推陳出新，不斷上演新的實驗劇，蛻化出嶄新的藝術風尚。從這個角度說，它是現代文化及文明的中心之一。此外，它又是世界

紐約地鐵十大要訣

紐約地鐵《乘客特別注意十大要訣》①勿站於無人月台候車；②勿在車上打瞌睡；③乘車宜靠近管理員；④要結伴而行；⑤勿行近月台邊緣；⑥車行進中勿過車廂；⑦未停妥勿搶先出站；⑧失落物品即報告售票員；⑨財寶勿露眼；⑩手袋應關牢。

赫德福特Hartford的名勝：馬克・吐溫故居

在馬克・吐溫故居對面是《黑奴魂》作者史陀爾夫人的故居

美國的尼亞加拉瀑布，後面是水牛城

的金融及經濟的中心，華爾街是條舉世聞名的金融街。同時，紐約集中着各色人種，文化，宗教背景多，是人種、外來文化的滙集地。以上特點，帶動了紐約經濟、文化、藝術、生活等等的多樣化及發展，使她充滿活力。成爲“冒險家的樂園”。

△北卡羅連納州（ North Carolina ）

簡稱　NC

州名來源　英國國王查爾斯二世的拉丁語讀音

州都　Raleigh（羅利）

州的箴言　事實重於外表

州的愛稱　Old North State

氣候　溫帶季風氣候

面積　13.6萬 km^2

人口　587萬人

主要城市　夏洛特

特點　Cape Hatteras National Seashore 爲州的代表性海灘療養地，是美國第一個國立消遣、娛樂區域。

△北達科達州（North Dakota）

簡稱　ND

州名來源　意爲“同盟”

州都　Biomarck（俾斯麥）

州的箴言　自由聯合，永遠同心

州的愛稱　Sioux State

氣候　草原氣候

面積　18.3萬 km^2

人口　65萬人

主要城市　法戈

特點　州西南之 Medora，1880年爲羅斯福總統所開拓，其國立公園十分有名。有再現之酒場及劇場。西部荒涼，有野生動物。

△俄亥俄州（Ohio）

簡稱　OH

州名來源　意爲“大河”

州都　Columbus（哥倫布）

州的箴言　與上帝同在，事事如意。

州的愛稱　Buckeye State

氣候　冷帶濕潤氣候

面積　10.7萬 km^2

人口　1,080萬人

主要城市　克利夫蘭、辛辛那提、托萊多

特點　克利夫蘭爲本州最大城市。有聞名的美術館以及展示飛機、汽車等的航空博物館，文化活動頻繁、蓬勃。

△奥克拉荷馬州（Oklahoma）

簡稱　OK

州名來源　意爲“紅色的人們”

州都　Oklahoma City（奥克拉荷馬市）

州的箴言　勤勞戰勝一切

州的愛稱　Sooner State

氣候　溫帶季風氣候

面積　18.1萬 km^2

人口　303萬人

主要城市　塔爾薩

特點　州都因位居西部進出位置而發展起來。發現豐富油田後，即成爲以石油提煉爲主的工業城市。

塔爾薩位於州東北部，由於與石油有關連的企業很多，被稱爲世界石油首都。有國際石油展示場 International Petroleum Exposition Center。州西南有一個野生動物保護區，爲哥曼基族領地。

△俄勒崗州（Oregon）

簡稱　OR

州名來源　西班牙語，意思可能是“大耳朵的男人”。

州都　Salem（塞勒姆）

州的箴言　團結

州的愛稱　Beaver State

氣候　西岸海洋性氣候

面積　25.1萬 km^2

人口　263萬人

主要城市　波特蘭

特點　波特蘭位於哥倫比亞河支流沿岸，是個河港城市。大陸橫斷鐵路通行後，成為海運城市。愛稱為“玫瑰城市”。市內西邊小高山上的華盛頓國立公園裏，為世界有名的國際玫瑰試驗場，種植着約400多種近 1 萬株的玫瑰，於每年 5 ～11月盛放。每年 6 月舉辦“玫瑰節”。
市名由緬因州波特蘭出身的人取其故鄉名稱而來。

△賓夕凡尼亞州（ Pennsylvania ）

簡稱　PA

州名來源　由當地之持有人 W. pen 之名而來

州都　Harrisbury（哈里斯堡）

州的箴言　道德、自由和獨立

州的愛稱　Keystone State

氣候　冷帶濕潤氣候

面積　11.7萬 km^2

人口　1,187萬人

主要城市　費城、匹茨堡

特點　費城為1776年美國發表獨立宣言及第 2 年發佈憲法的地方。是美國建國歷史上非凡的舞台。故亦被稱為“合衆國的母親城”。1790～1800年曾作為臨時首都。
市名由希臘語友愛（Philos）與兄弟（adephos）組成。表示寬容的共同體觀念。今天是個新舊景觀調和的城市。人口165萬人，佔全國第 5 位。

費城（ **Philadelphia** ）

氣溫　平均最高 7 月25℃，平均最低 1 、 2 月 2 ℃

月	1	2	3	4	5	6	7	8	9	10	11	12
最高	6	6	11	17	23	27	30	29	25	20	13	7
最低	-2	-2	2	7	13	18	21	20	16	10	5	-1

氣候　夏天暑熱

時間　東部標準時間

人口　1,646,713人（1984），全美第5位。

面積　352 km^2

市的誕生　1701年（市名希臘語意爲“兄弟愛”）

電視　8台

大學　88間

醫院　124間

區域編號　215

國際機場　Philadelphia International Airport

△羅德艾蘭州（Rhode Island）

簡稱　RI

州名來源　由地中海的羅德斯島名而來

州都　Proridence（普魯維登斯）

州的箴言　希望

州的愛稱　Little Rhody

氣候　冷帶濕潤氣候

面積　0.3萬 km^2

人口　95萬人

主要城市　新港

特點　新港位於州東南部，19世紀是知名的富豪們的高級休養地。建有宮殿似的華麗別墅。

此處每年集合世界音樂家的爵士音樂節，世界有名。

△南卡羅連納州（ South Carolina ）

簡稱　SC

州名來源　英國國王查爾斯二世的拉丁語讀音

州都　Columbia（哥倫比亞）

州的箴言　活着就是希望

州的愛稱　Palmetts State

氣候　溫帶季風氣候

面積　8.0萬 km^2

人口　312萬人

主要城市　查爾斯頓

特點　查爾斯頓爲州內最古老的城市。其歷史自1670年由英國來的移民團命名開始。市內多歷史遺跡及18世紀之優雅房子。近郊有當年原爲奴隸市場的博物館。

△南達科達州（ South Dakota ）

簡稱　SD

州名來源　意爲“同盟”

州都　Pierre（皮爾）

州的箴言　人們因神而統一

州的愛稱　Coyote State

氣候　草原氣候

面積　20.0萬 km^2

人口　69萬人

主要城市　蘇福爾斯

特點　州西部的 Mt. Rushmore National Memorial 爲國定紀念地區。山上的花崗岩壁上有美國前任 4 個總統的巨大頭像雕刻。係由波古拉父子費時14年（1927起）完成。這 4 個總統爲華盛頓、傑弗遜、林肯和羅斯福。

△田納西州（Tennessee）

簡稱　TN

州名來源　意爲"彎彎曲曲的流着"

州都　Nashuille（納什維爾）

州的箴言　農商並學

州的愛稱　Volunteer State

氣候　溫帶季風氣候

面積　10.9萬 km^2

人口　459萬人

主要城市　孟菲斯、查塔努加

特點　州都納什維爾是南部首個導入公立學校制度的地區，目前市內有13間大學，被譽爲"南部的雅典娜（智慧女神）"。

為美國唱片生產主要產地，產量佔全國半數以上，故又被譽爲"音樂之都"。

州都名稱爲紀念獨立戰爭英雄 Francis Nash 而來。

州都東20 km，有第七屆總統A、傑克遜宅第。

納什維爾（Nashville）

氣溫　平均最高7月27℃，平均最低1月5℃

月	1	2	3	4	5	6	7	8	9	10	11	12
最高	10	11	15	22	27	31	32	33	30	21	15	10
最低	-1	1	4	9	14	19	21	20	16	10	3	0

時間帶　中央標準時間

人口　462,450人，全美第27位。

面積　1,241 km^2

市的誕生　1806年

電視　5台

廣播　AM11，FM 8

醫院　7間

大學　16間

區域編號　615

△德克薩斯州（德州，Texas）

簡稱　TX

州名來源　意為“友人”

州都　Austin（奧斯丁）

州的箴言　友情

州的愛稱　Lone Star State

氣候　草原氣候

面積　69.2萬 km^2

人口　1,423萬人

主要城市　休士頓、達拉斯、聖安東尼

特點　休士頓有美國的舊中心、棒球城市、世界網球首都等稱號。是南部最大的工商業城市，美國第三大港灣城市和石油提煉中心。自約翰遜宇宙中心 NASALBJ Space Centre 建立以來，一改成為美國的宇宙開發研究中心。休士頓市名由 Somuel Houston 之名而來，他是對德州獨立有功勞之人士。達拉斯有“大D”愛稱，不僅是德州，也是美國西南部的貿易、工業、交通中心。1963年肯尼迪總統被暗殺的地方建起肯尼迪廣場，樹着高達9.1公尺的總統紀念碑。

達拉斯早在1841年就開始成為交易所，每年10月舉辦州博覽會，此外，此處之棉花市場 Dallas Cotton Exchange 也很有名。

休士頓（ **Houston** ）

氣溫　平均最高 8 月29℃，平均最低 1 月12℃

月	1	2	3	4	5	6	7	8	9	10	11	12
最高	17	19	22	26	30	32	33	34	32	28	22	18
最低	8	10	12	16	20	24	24	24	22	17	12	8

氣候　高溫多濕

時間　中部標準時間

美國新華埠的崛起

自八十年代以來，華人移民和資金大量湧入美國。美國各地原有的舊華埠，由於地區狹小，租金昂貴，已難以適應華人居住、經商及交通等方面的發展需求。因而，在華人較多的城市裏相繼出現了新的華人聚居地，人們通常稱之爲「新華埠」。

這些「新華埠」包括洛杉磯的蒙特利爾公園市，加州景山城的卡斯楚街，舊金山列治文區和田德隆區，芝加哥的埃笳爾街，紐約的法拉盛、布碌崙第八大道以及休斯頓的頂好廣場等等。

上述地區原先都比較蕭條、落後，房地產比較便宜。華人聚居以後，出現了生機。如芝加哥的埃笳爾街和舊金山的田德隆區，曾經是販毒和娼妓猖獗的地方，現在却百廢俱興，成了初步繁榮的商業區。布碌崙第八大道，原先是挪威移民的聚居地，後來挪威人他遷，形成了「人去樓空」景象。此地距紐約舊華埠較近，交通方便，租金便宜，因此從大陸和香港來的新移民大量在此落脚，三幾年內人口急劇增加到七、八萬，出現了八十多家車衣廠、餐館、商店、超級市場及中文學校也相繼出現。

這些「新華埠」與原來的「舊華埠」相比較，有顯著的特點：

人口　1,705,697人（1984年），全美第4位。

面積　1,440 km^2

市的誕生　1837年

電視　6台

廣播　AM 14，FM 16

大學　29間

醫院　59間

區域編號　713

國際機場　Houston International Airport

一，新華埠的房地產一般來說比舊華埠便宜；二，舊華埠宗親會、同鄉會及其它地方性社團較多，而新華埠則出現了商會、藝術團體及服務性的新型社團；三，舊華埠保持着更多、更濃厚的中國傳統色彩，居民與其他族裔溝通較少，而新華埠適應力較强，行業較多，與其他族裔溝通較廣泛。因此不少新華埠較舊華埠更具生氣，更富於時代色彩和吸引力。

此外，由於近年來美國人對中國的興趣越來越大，有些地產商人便在一些地區投資興建古色古香的中國傳統建築物，或按照中國園林式的布局規劃新的建築，以此作爲遊覽、商業和商品住宅去吸引顧客。這類地區最有代表性的是休斯頓的唐城和佛羅里達州的亞特蘭大。後者包括華人活動中心、超級市場、餐館、食街、銀行及中文學校等。至於華盛頓市政府和華人社區人士正在規劃建造的「新華埠」作爲全美模範的中國城就更加多彩多姿了。不過，這類地區造價昂貴，能否逐步發展成爲新的華人聚居地，目前尚難做結論。

特點　休士頓也稱太空城。NASA太空中心於1961年設立，因1969年人類初次登陸月球的阿波羅11號而馳名全球。有展示館。

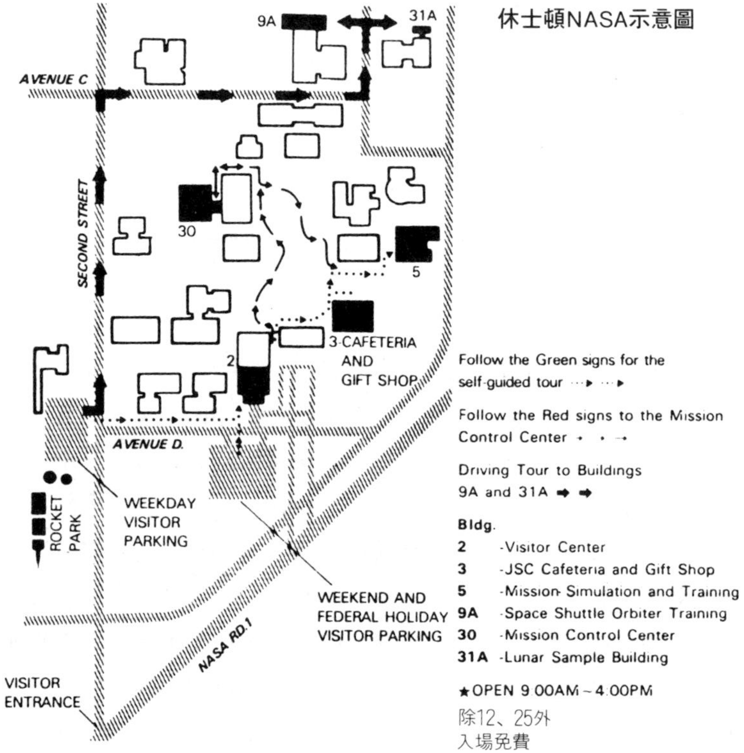

休士頓NASA示意圖

達拉斯（Dallas）

氣溫　平均最高7、8月30℃，平均最低1月8℃

月	1	2	3	4	5	6	7	8	9	10	11	12
最高	12	16	20	25	29	33	35	36	32	27	19	15
最低	2	5	8	13	18	22	25	25	21	15	7	4

氣候　全年溫度高，尤其是夏天十分暑熱。

時間　中部標準時間。

人口　974,234人（1984），全美第7位。

面積　862 km^2

市的誕生　1856年

電視　7台

廣播　AM 14，FM 15

大學　33間

醫院　42間，有全美第10位的醫院

區域編號　214

國際機場　Dallas-Fort Worth Airport 其規模爲世界最大。機起飛數佔全美第七位。

特點　美國西南部的貿易、工業、交通中心。1963年11月12日美國總統肯尼迪在此遭暗殺。

△猶他州（Utah）

簡稱　UT

州名來源　族語，意爲"山人"。

州都　Salt Lake City（鹽湖城）

州的箴言　勤奮

州的愛稱　Beehive State

氣候　沙漠氣候

面積　22.0萬 km^2

人口　146萬人

主要城市　奧格登

特點　州都是爲四面環山的高原城市，海拔1200多公尺。是摩門教的總部。市名由西郊的大鹽湖 Great Salt Lake 而來。

△佛蒙特州（Vermont）

簡稱　VT

州名來源　法語，意爲“綠色之山”。

州都　Montpelier（蒙彼利埃）

州的箴言　自由與統一

州的愛稱　Green Mountain State

氣候　冷帶濕潤氣候

面積　2.5萬 km^2

人口　51萬人

主要城市　伯林頓

特點　這是一個歷史地區。Shelburne Museum 博物館再現了初期開拓時代的35個建築物。

Champlain Lake 湖畔一帶爲消遣娛樂地區。

根據1970～1980年的資料，10年間人口減少3.7%，爲美國人口減少率最高之州。

1980年，此州出現一座加蓋的城市——威努斯基市，人口1萬多人。爲什麼叫加蓋呢？這是因爲一到冬天，這個小城市便張起一頂撐天巨傘，把3.56平方公里的市區覆蓋起來，使其溫暖如春。

△維珍尼亞州（Virginia）

簡稱　VA

州名來源　由伊莉莎白女王1世之稱呼名而來

州都　Richmond（里士滿）

州的箴言　打倒專制的君主

州的愛稱　Old Dominion

氣候　溫帶季風氣候

面積　10.6萬 km^2

人口　535萬人

主要城市　諾福克、亞歷山大

特點　當年（1633年）爲英國維珍尼亞殖民地之一。

州內仍保有殖民地時代的城鎮及鍛冶屋、藥屋、麵包屋等。

Mount Vernon 有約翰・華盛頓府宅及夫妻之墓。

主要城市亞歷山大當年爲僅次於波士頓之貿易港。華盛頓與南軍李將軍曾長住此城。

△華盛頓州（Washington）

簡稱　WA

州名來源　由第一屆總統約翰・華盛頓名字而來

州都　Olympia（奧林匹亞）

州的箴言　平等的權利

州的愛稱　Evergreen State

氣候　西岸海洋性氣候

面積　17.7萬 km^2

人口　413萬人

主要城市　西雅圖、塔科馬、斯波坎

特點　西雅圖爲太平洋航線要地。

1914年建之施密斯鐵塔爲西海岸最高建築。

市中心的市場爲美國有名的市場，有80年歷史。爲波音航空公司總部所在地。

除阿拉斯加外，此處之 Emmons Glacier 爲美國最大冰河，而 Carbon Glacier 爲美國最長冰河。

雖然位於北緯48度的高緯度，但由於西岸海洋性氣候，冬暖夏涼。

西雅圖（Seattle）

氣溫　平均最高 7、8 月19℃，平均最低 1 月 5 ℃。

月	1	2	3	4	5	6	7	8	9	10	11	12
最高	7	10	12	15	19	21	24	24	21	16	11	8
最低	2	3	5	7	10	12	13	13	12	9	6	4

氣候　全年溫暖，年平均最低溫度爲 1 月份 5 ℃。

時間　太平洋岸標準時間

人口　493,846人（1980），全美第24位。

面積　218 km^2

市的誕生　1869年

電視　7 台

報紙（雜誌）　Times 245,614冊

廣播　AM 23，FM 19

大學　4 年制大學15間

醫院　27間

區域編號　206

交通　國際機場、鐵路、Amtrak（美國全國鐵道旅客公司列車）、渡船。

國際機場　Seattle-Tacome International Airport

△西維珍尼亞州（West Vinginia）

簡稱　WV

州名來源　由伊莉莎白 1 世的稱呼名而來

州都　Charleston（查爾斯頓）

州的箴言　山地人是自由的

州的愛稱　Mountain State

氣候　冷帶濕潤氣候

面積　6.3萬 km^2

人口　195萬人

主要城市　帕克斯堡

特點　州東南的 White Sulphur Springs 是全國有名的溫泉休養地。開設於1772年。

△維斯康辛州（Wisconsin）

簡稱　WI

州名來源　意爲“水聚處”

州都　Madison（麥迪遜）

州的箴言　前進

州的愛稱　Badger State

氣候　冷帶濕潤氣候

面積　14.5萬 km^2

人口　471萬人

主要城市　密爾沃基

特點　密爾沃基是面臨密芝根湖的州內最大城市。有德國影響痕迹，是有名的啤酒產地。有的餐廳裏可以見習啤酒的釀造，也可以吃到德國菜。有名設計家設計的教堂，也有世界有數的動物園和博物館。

△懷奧明州（Wyoming）

簡稱　WY

州名來源　特拉華族語，意爲“平原能手”。

州都　Cheyenne（夏延）

州的箴言　平等的權利

州的愛稱　Equality State

氣候　高山氣候

面積　25.4萬 km^2

人口　47萬人

主要城市　拉臘米

特點　州西北地跨蒙坦那、愛達荷兩州的黃石國家公園，爲美國第一個國家公園，1872年創立，聞名於世。1972年曾展開國家公園100週年紀念活動。

黃石公園2,000公尺的高原是由於地殼運動作用由海底隆起的，又曾歷冰河期的洗禮，故有今日之貌。公園內有原始森林、湖泊、大峽谷、定時噴泉、溫泉等等。是個很有學術價值，極具保護價值的公園。

州內另一有名公園為格蘭德太托公園，是個絕美的風景區。

三、入境須知

△簽　證

欲進入美國，無論你持的是什麼證件，是留學、旅遊、公幹還是移民都必須事先取得美國政府的簽證。

一般簽證有下列幾種：

①商業簽證 B-1

一般有 6 個月以內的居留時間。B-1 簽證所有者之家屬也可以同時申請。

②旅遊探親簽證 B-2

居留期限一般是 6 個月之內。特殊情況也可獲批 1 年或無限次簽證。但這種簽證之延長居留申請爲各種簽證中條件最嚴厲的。如果有當地親友的財產或銀行存款證明，比較容易得到批准。

B_1 與 B_2 簽證之申請書是 Form 1-539（Application for Extension of Temporary Stay）。

如直接去移民局，需同時出示護照。但郵寄時，則不必附上護照，但要附入境時之出入國記錄（Form 1-94），用掛號寄出。

③駐在員用簽證 E-1

除了上述的 Form 1-539，Form 1-94 外，還要僱主的信和 Form1-126（Report of Status by Treaty Trades or Investor）。

④學生簽證 E-1

除了 Form 1-94 外，還要 Form 1-538

(Application by Non-immigrant Student for Extension of Stay)。可在各大學的 International Student Adviser's office 辦理。

⑤交換人員用簽證 E-1

每年需重新申請一次。居留期限見下表。

種　類	居留期限
學　生	①至取得學位或計劃完成後 ②取得學位或資格後，實習 1 年半
教官、研究員、專家	3 年
醫　生	5 年
護　士	2 年
醫療技師、X 光技師	研究期間，實習 1 年半
商工業研修者	1 年半
上列各類家屬	以各類人員之期限為準

此類申請需繳第 2 年工薪之保證書(Form 1AP-66)以及向交換大學或研究院呈交 1-94 。

任何場合，此類申請均包括家屬以及未滿21歲之子女。如果戶主與家屬分開申請，孩子跟配偶一起申請，此時，必須有戶主的 1-94 。

⑤出生申報

在美國出生的孩子，根據美國法律，會給予美國國籍(Citizenship)。

△**優先移民簽證**

第 1 優先	美國公民年歲21歲以下的未婚子女。
第 2 優先	擁有永久居留權的外國人的配偶及未婚子女。
第 3 優先	教授、從事研究業務者以及藝術家等文化專業性質的外國人及其家屬。
第 4 優先	美國公民的已婚子女及其家屬。
第 5 優先	美國公民的兄弟姐妹及其家屬。
第 6 優先	美國國內短缺的技術人員和勞工以及其家屬。
第 7 優先	共產國家地域或中近東地域來的難民以及爲美國總統判爲「異常天災地區」的難民。
非優先	非以上各類人士，但強烈要求移民美國者。（不過，此機會極少極少）。

△**專業移民**

A. 從事高級職業者　學業證明書、學位證明書、專業職務准許證、現職或前職僱主或了解自己的知名人士的職歷證明書、本人著作或刊登本人事項的有關刊物等。當然，有的職種不要求以上所述的全部證件。

B. 熟練或半熟練勞動者　學業證明書、現職或前職僱主的職歷證明書，本人著作以及記載本人事項的有關刊物等。同樣，有的職種可以不必以上多種證件。

△**近親移民**

證明彼此關係的文件（戶籍本等），夫婦申請的場合，除這個文件外，還須有結婚證書。如果申請時本人已在美國國內居住，則要另外加添本人旅行護照。

在香港申請入境簽證，必須自行前往美國駐港領事館（中環花園道26號）。辦公時間爲星期一～五，每日上午8：30～12：00塡妥表格並獲接見後，即日可獲簽證（或不獲簽證之通知），費用全免。

△入境登記

非旅遊人士到達美國後2個星期內，要向美國政府登記。

登記卡（alien registration card，Form 1-53）在很多郵政局都可以拿到。塡好後寄美國政府司法部。21歲以上者，即使是跟着父母，也要自塡1張。

這個登記很重要，若果不辦，有可能被驅逐出境。

△延期手續

不是每個人都可以申請延長居留。條件是簽證。申請要在居留期限截止之前向有關的移民局（Immigration office）提出。一般是在期限截止之前15日～30日前申請。

△海關禁帶物品

苦艾酒、生物材料，美國版權而未授權外國翻印的書籍，糖果、酒類。倣造而沒有標明倣造的金幣、用以放射輻射之電子製品、軍火、食物、藥品、各種水果、植物、蔬菜。危險物品、彩票、肉類、家禽及其製品等。妨害治安或用以圖謀不軌的東西，彈簧刀等，有兇性的動物以及受保護的動物等等。

帶超過一萬美金的現鈔要塡寫報關，不然可能會以私帶現鈔刑事犯起訴。

△入境問禁，入鄉隨俗

這幾年因爲各種因素，香港人移居美國的不少。到一個自然環境和國情與香港不同的地方生活，最要緊的是記住「入境問禁，入鄉隨俗」八字。

香港近十幾年的經濟成就驕人，令世界矚目。這自然是和香港人拼搏、時間觀念强、辦事效率高等優點分不開；但正和所有世界民族都具弱點一樣，香港人也有種種人性上「醜陋的一面」。如果生活在一個新國度而不加注意就會隨時流露出來，破壞香港人的整體形象和聲譽，影響到和移民國家原居民的關係，給該國社會各方面造成困擾。不能不引起重視。

「入境問禁」就是要充分了解所移居國家社會的各種制度、風尚習俗，人情世故。在實際生活中，應隨時注意觀察，積累經驗。「入鄉隨俗」也即從正面强調新移民應在生活方面的奉公守法，認同新的環境給自己的約束力。下面幾點是必須特別加以注意的：

勿破壞自然生態。美、加居民以酷愛自然風景和寧靜和諧的生活稱著，例如不少人居住環境都喜歡樹木花草，鳥語花香，尤其在地球受到污染的今天，這個問題更爲突出。香港人移民之後，不要輕易破壞這種生活方式。

要有社會公德心。不同社會有不同社會風氣。在公衆場合大聲叫嚷說笑，在西方人看來是粗鄙無禮的。香港移民應在公衆場合注意小聲講，細聲笑，走路、駕車、泊車都該守當地秩序。

加强自身的文化涵養。美、加是多元文化的開放國家，要注意對人家的文化持一種尊重的態度。勿在香港文化中的庸俗部分沉醉麻木，以爲那是唯一的好東西，並以爲別人也會欣賞接受，也該懂得一些孔子莊子，具一定的中國文化的修養，免得外國人問及而瞠目結舌。

克服「大香港主義」。弄清家財是很私人的事，不必要到處炫耀，引人反感；尤其要逐步克服那種拼命中飽私囊的心態，注意商業道德，多考慮爲當地社會作出貢獻。與當地各行各業人士交往時，應抱眞誠、平等、互惠的公允態度。

這只是值得首先加以注意的幾個重要方面，當然還有很多細節，新移民入境，不能掉以輕心。

四、工作與就業

△就業人口構成

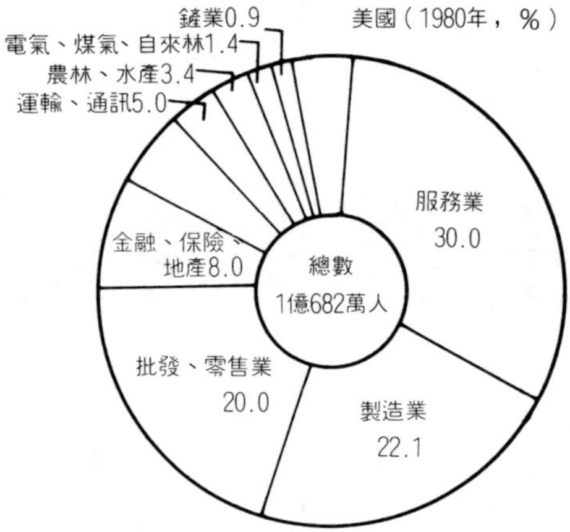

（根據ILO勞動統計年鑑）

△如何求職

一般不須找人事關係。下面介紹一些求職方法。

①到 AGENCIES（美式職業介紹所）登記。介紹所的電話、地址可從報紙分類廣告中找到。

②直接到大公司的人事部門（Personnal Department）登記。像美國銀行、太平洋煤氣及電力公司等都有人事部門。

③初來乍到不會英文的，可以托朋友介紹一些如清潔工（Janitor）、警衛（Security Guard）、小快餐店（Fast Food）等等工作，也可以到跳蚤市場（Flea Market）擺攤子。「騎牛搵馬」，先找到一份工作，有收入，安定下來後，然後再求發展。

△主要生產品

	品　名	產量（萬噸）	佔世界位置
農	○小麥	6,601	3
林	大麥	1,130	2
·	燕麥	693	2
水	黑麥	72	7
產	玉米	10,678	1
	馬鈴薯	1,477	4
	大豆	4,342	1
	烟葉	64	2
	原木	4.4億m²	1
	漁獲量	399	4
	○石炭	71,100	1
鑛	鐵礦	2,301	6
業	銅礦	114	3
	鉛礦	51	1
	鈾礦	1.0	1
	原油	43,000	2
工	汽車	921萬台	2
業	○輪胎	18,176萬條	1
製	眞空管	4,766	1
品	肉類加工	2,535	1
	合成纖維	301	1
	合成橡膠	183	2
	粗鋼	8,394	3
	氮肥	1,051	2
	棉織物	322,400萬m²	4
	塑料樹脂	1,242	1
	製材	7,811m²	2

△**排名世界前20名的企業**

（有圓括號者爲美國企業，單位：百萬美元）

	公司名稱	賣項
①	General Motors	96,372
②	Exxon	86,673
3	Royal Dutch/Shell	81,744
④	Mobil	55,960
5	British Petroleum	53,101
⑥	Ford Motor	52,774
⑦	Int'l Business Machines	50,056
⑧	Texaco	46,297
⑨	Chevron	41,742
⑩	American Tel & Tel	34,910
⑪	E.I.du Pont de Nemours	29,483
⑫	General Electric	28,285
⑬	Standard Oil	27,215
14	IRI	26,758
15	日本豐田汽車	26,040
16	ENI	24,461
⑰	Atlantic Richfield	22,357
18	Unilever	21,627
⑲	Chrysler	21,256
20	日本松下電器產業	20,749

（根據 Fortune 86 ）

△**工作種類**

美國是個資本主義國家，就業自由，而且職業種類很多。但初來乍到者，除了是專業人士或獨立移民者外，一般比較難一下子找到自已喜歡或適合自己的工作。如果再加上不會英文或英文不流利，就更要先放下面子，降低標準了。以下介紹幾種工作：

①清潔工，英文叫 Janitor。在寫字樓下班後，擦桌子、清地毯或清理廁所。有福利。

②警衞，英文叫 Security Guard。在銀行、超級市場、珠寶店等門口掛鎗値勤。此類工作得先受訓。有福利。

③管家，House Keeper。爲有錢人的渡假屋看房子，清掃庭園。

④擺小攤，Flea Market。做小販。主要是找便宜貨源，要先登記訂攤位。

⑤小快餐店，Fast Food。如果搞得有特色，雖然辛苦，錢却是滾滾而來，香港有一些人，去到小鎮工廠區附近開快餐店兼售午餐飯盒，不到幾年就成大富。

△薪酬情況

根據美國《職業薪酬年鑑》近年統計，芸芸職業當中，籃球員（國家隊）的入息最高，年平均爲五十一萬五千美元。下面介紹美國十大平均薪酬最高的工作。

①籃球隊員（國家隊）	平均年薪515,000美元
②棒球隊員（主要球隊）	平均年薪424,896美元
③賽車選手	平均年薪278,621美元
④足球隊員	平均年薪209,090美元
⑤外科手術醫生	平均年薪164,724美元
⑥精神病醫生	平均年薪 93,916美元
⑦飛機師	平均年薪 87,200美元
⑧整骨治療師	平均年薪 同 上
⑨聯邦法官	平均年薪 82,400美元
⑩國會議員	平均年薪 77,353美元

至於薪酬最低的十大工作，依次爲厨師、醫務助理、收銀員、baby sitter、侍應生、洗碟工、教師助手、天主教教士、寫作者以及移民的農場工人。厨師的年薪是11,336美元，新移民的農場工人則爲3,943美元。

△平均家庭收入

根據同上資料，1987年美國家庭平均入息爲30,850美元。上升百分之一。其中白人家庭上升1.1%，達到32,274美元；黑人家庭則下降0.8%，變爲18,098美元。

在「貧窮線」以下的窮人總數，86年爲3,240萬人，87年爲3,250萬人。約佔美國人口比率之13.5%。

△主要輸出輸入國家

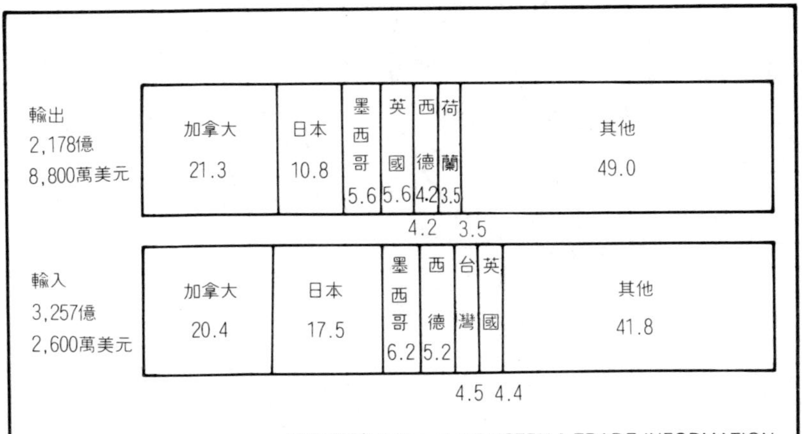

根據1985年Office of INDUSTRY & TRADE INFORMATION

△主要輸出輸入品種

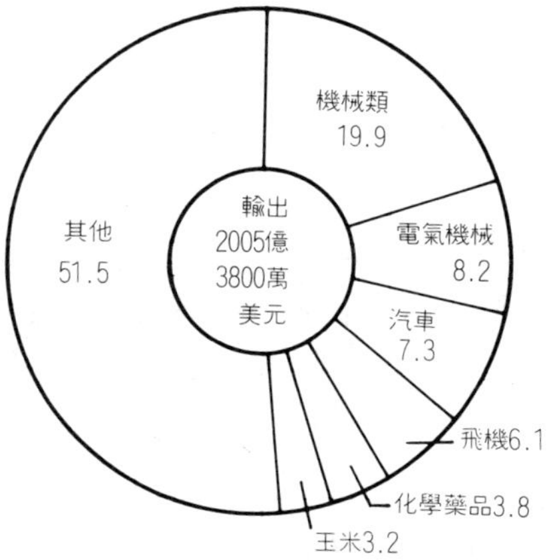

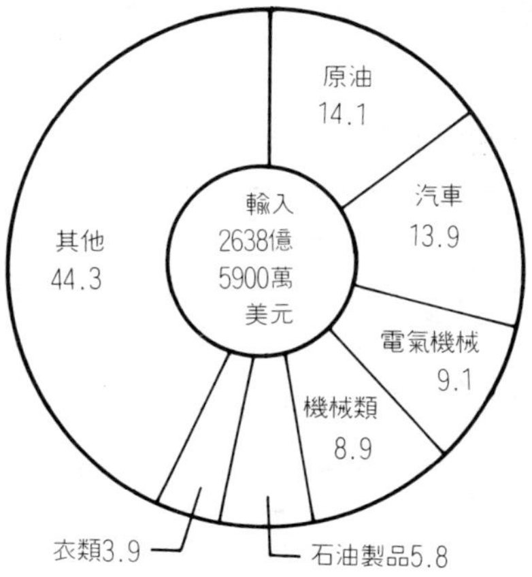

（根據貿易統計年鑒83）

五、社會福利

△社會保障制度

社會保障 Social security 這個詞是由1935年羅斯福總統在議會提出的「社會保障法」開始的，今天已經成爲美國及全世界使用的名詞了。

美國的社會保障指的是對老人、遺屬、殘廢保障（OASDI： Old Age， Survivor and Disability Insurance）。具體包括：

①失業保險制度　各州對有勞動意志、勞動能力而找不到工作的人會給予補助的失業保險。

②勞動者賠償制度　各州對在工作場所受傷或罹患職業病的人給予現金和醫療支付的賠償。

③暫時殘廢保險制度　對因短期間生病不能工作的人，付給只限 5 個月以內的工資。但是這個制度並非各州都有。據知有此制度的州爲：加里福尼亞、夏威夷、新澤西、紐約等等。

④公務員退職制度　對象爲聯邦、州、地方的公務員。

⑤鐵道退職制度　只限於鐵道勞動者

⑥復員軍人生活保障以及年金制度　保障在軍隊生活中負傷期間或歸隊後的生活。

△社會保障卡（Social Security Number）

獲得社會保障號碼，或稱社會安全卡，俗稱工卡。

在美國，你可以有很多名字，但社會保障號碼只有一個。每人一生只有一個，終生使用。

這個號碼由社會保障局發給。社會保障局隸屬於聯邦政府衞生教育福利部。全美國有1,300多間，大多設於各州主要城市。

要取得這個編號，首先必須塡寫社會保障編號申請書（Form ss-5 Application for Social Number）。申請書可向郵局、市役所等索取，當然也可親赴所屬城市之社會保障局。一切手續免費。

以下外國人可以得到這種編號：

①在 Form 1-94 蓋有勞動許可 Employment Authorized 章（印戳）者。

②持有許可工作護照者（即持旅遊證件者不能取得）。

③取得永久居留權者。

此外，蓋有無收入（non-work）印戳的外國人也可以取得這種編號。

美國龐大的社會福利制度，雖然也可使新移民同享其惠，但在未來申請永久居留權（綠卡）或申請入籍時，可能會有不同程度的阻礙，這是必須注意的。也就是說，除非迫不得已，新來乍到準備作長久居留者，不要隨便接受其福利，比如社會福利金等等。

△納　稅

在美國國內工作得到收入者有納稅的義務。大體上，獨身者年入3,800美元，夫婦合算共5,900美元以內的人不必要報稅，小孩兼職年入3,300美元以下者也不必報稅。但自己經營或自由職業者，年有400美元以上純利者有報稅之義務。

稅款種類很多，主要有以下 3 種。

①聯邦所得稅 Federal iocometax

②州及市民稅 State or local tax

③社會安全稅 Social security tax

外國人在稅法上有居住者 Resident 與非居住者 Non Resident 之分，即兩者稅率不同。通常在美國居住一年以上者即被視爲居住者。

在美國居住的外國人和美國公民一樣，有把在全世界所得收入報告以及納稅的義務。

有納稅義務者必須在每年的 1 月至 4 月15日期間將去年 1 月 1 日至12月31日的確定申告書提交美國國稅廳。這種申告書於每年12月下旬至次年 4 月15日止，可向郵局或銀行領取。外國人用的是 Form 1040A（簡易用紙），或 Form 1040。

屋租包含在稅金計算中，因此，不妨將有關證明（如從屋主要來的 Certificate of Rent Paid）等附加上去。可能可以得到多少退款。

△社會治安

美國社會治安比較差，尤其是一些大城市如紐約、芝加哥、華盛頓等，都是有名的「犯罪城市」。

因此，選擇住所，夜晚上街，乘坐地下鐵時都要多加注意。

離開住所時，一定要上鎖，回家後也要上好鎖，美國由於住所鎖鏈之多（據說紐約市民平均每人攜帶15個鎖匙上路），被譽爲「鎖匙社會」。

△治安機關

美國的治安機關在擁有與其他多數行政同樣的地方分權基礎上，有以下三種。

1. 以美國全國約 2 萬個市鎮鄉村、郡爲單位的警察組織。小偷進屋、交通事故都可與警察聯絡。以巡邏車在街上巡邏的巡警，與人們生活有着密切的聯係。

2. 州警察。處理跨市鎮村的事件。

3. 聯邦警察。追查跨州或劫機等大型犯罪，簡稱FBI（ Federal Bureau of Investigation ）。

以上三類警察合計在全美國約有30萬人。加上一些保安業務（ Security Industry ）從業員合共約爲50萬人。

△三藩市警察局印發的個人安全指南

以下轉載三藩市警察局於1987年印發的個人安全指南。

①街上安全

離家時，切要把前後門、車房門、窗子全部關鎖。在馬路上行走，不要身懷鉅款，隨時注意遊蕩人的接近，如可能的話，在晚間出入，須找人同伴。

女士們的手袋裏最好只放三或四元紙幣，其他證件例如駕車執照，信用卡、紙幣、鎖匙，貴重手飾等等應放在大袋裏或暗藏在內衫裏。如必要携帶手提銀包的話，不要穿掛在肩上或頸與手腕裏，理由是當你被强力搶奪的時候，你可能會失了平衡而致受到身體的傷害或腦部震盪。當你去買東西之前，要將貴重物品、金飾之類及不要用的信用卡等留在家中，將銀包放在購物袋內。

夜間行走時要走光亮與行人多的街道。無燈光地區不要去。行走時要走在人行路上中間路，切不要往荒僻地方閒遊。

不要乘搭陌生人汽車。步行時要靠着汽車相反方向行走，如有人駕車喚你上車，須急速離開他遠走，並應朝他駕車的相反方向走。

提防向你問路的陌生人，對他們雖然有禮貌，但仍要保持安全的距離。

晚上回家要當心，不要徘徊在門前，應急取信件後立即啓門而入屋。如覺有可疑的現象，不要進去，須走到別處電警求援。

如你發覺有人跟踪你，即跑到附近有人居住的房屋或大厦求援。

③公共交通的安全

等待巴士或電車的時候，要同其他搭客站在一起。

在等候的地方如果黑暗或無其他搭客，應要走近有人居住的房屋或有燈光的地方等待到公共汽車抵達才好。

上了巴士或電車後，常要注意車中乘客，如覺得有人行動可疑，須通知司機。

假設車內乘客稀少，請坐在前面接近司機的座位爲上策。

若車中有人騷擾你的話，須即離座告知司機。

當下車時，宜注意是否被人跟踪，若是，應快跑到最接近的有人居住的樓房求助。

夜間乘車要選光亮的街道下車，經過的街道還要有充足燈光的才行。

③汽車的安全

每次計劃旅行，應該把汽車全部機件檢查，輪胎均要安全，汽油也要充足。

未開車前，先檢查車內是否有陌生人隱藏在車內。

在未離家前，切要鎖好車房門，開車時，全部車門要鎖起來。

最佳的停車地方是有照料員的停車場，如他一定需要你的鎖匙，你只給他發動引擎那一條，在其他停車地方，切記鎖好車門。

其他雜物放在儲物箱內，勿放在可眼見的座位。

夜間應停車在光亮的地方，如你坐在車內，發覺有人想害你，即可鳴車笛求救。

接受陌生人搭你的車是很危險的。

如在路上遇到汽車輪胎洩氣，你須要駛到感覺安全的地區方可停留。

若發覺有人跟踪你，即駕車到警局去，或消防局或汽油站亦可。

④升降機的安全

進入升降機前須看清楚乘客，如覺他們形跡可疑，不要進去，應搭別架升降機。

單獨的女性要乘升降機時，應接近控制板，如有人引誘，你便可快按所有各層的電鈕。

若遇可疑人物在升降機內，立即離開。

未出升降機前應留意走廊是否有可疑人物的活動。

⑤前門的安全

不要隨便開門，必須識別來客是誰，才許他入屋。

如果站在你門口的是陌生人，向他要（ ID ）證明，將證件自門下透過送入，如果他做不到，不要讓他入屋。

在門上裝設廣角鏡，這樣你可以不須開門而清楚看見外面是誰。

⑥住宅的安全

所有住宅的門戶須裝設 DEADBOLT LOCKS（雙重鎖），這種鎖的插銷是無彈簧在內，不會隨便彈入而使門開起來。

如要外出，須將屋內電燈扭亮。

不要留鎖匙在門外或脚氈下。

車房門要用好的掛鎖，有關住戶的安全，請看安全計劃機構所印的小册子「住戶的盜竊」，詳情在內。

將所有價值之物品，用你駕駛執照或私人（ ID ）的號碼，用電動筆刻上記號。（請看安全計劃所印的小册「記認運動」。）

當外出旅行之前：

應停止全部郵遞（例如報紙、牛奶等）。

通知警署或鄰居代你巡視屋內外。

裝置定時自動亮燈。

請人來整理花園。

做個警覺的鄰居，看見可疑人物、車子或情況，須快通知警署。

⑦公寓居住者的安全

如設有對話機的公寓，須要求業主保證門前的電話機常能通用。

除你預先約好的來客，或認識之人，不要隨便放他入屋。

不准小販或送貨員隨便進入，就算他說要送給鄰居。

如有陌生人要同鄰居做事，應不准他進入，但須通知經理或管理人。

若見可疑人物，須報告警局電話：553-0123

⑧强姦

對付强姦的侵襲最佳的辦法是運用你的普通理智，侵襲手法每個不同，以一方式對付，甚難阻擋，平均計每拾個女性，有一人受害。

如被侵襲宜估計當時情形及急找逃走的路徑，有些婦女因擅於裝傻或運用講話技巧，或用暴力抵抗而得避免。

踢對方的下部並不一定有效，因男人的直覺是保衞下部而你踢他時可能失去平衡，有可能逃走是最有效果，要保持冷靜，趁他不防備時，立刻逃走。

事後請先到安全地方，通知警察與保留證物，不要洗滌與洗濯陰部，因爲血液和精液是屬重要證物，又不要換衣服與不要擾亂當時行兇的情形，以便警方查究。

醫療是很重要的，須往中區緊急醫院，內有性的創傷中心，此一機構備有免費的治療，對於受害者可得預防受孕與性病預防的治療，雖然你立即獲得治療，你仍須下次接著受檢驗性病是否被染，這是很重要的。

⑨ SAEF

對着醫生講述被姦污的過程，內心是極困難，但是醫生需知道你當時被逼的情形或受辱時的動作，他才可能取適當的治療方法。

三藩市被姦害者醫療處：

●中央急濟醫院　　電話

CENTRAL EMERGENCY HOSPITAL　　431-2800

●性的創傷治療中心

SEXUAL TRAUMA CENTER　　558-3824

●市民安全計劃指導處

地址：（ 850 Bryant Street, Suite 553 ）

電話：474-7318 or 553-1345

●如有緊急報告請用警察總部

電話：553-0123

或粵語，國語電話：553-111
三藩市的緊急電話：911
一九八一年七月開始通用

六、衣食住行

△生活用品

美國百物騰貴，有些生活上常用的物品最好能盡量帶去。比如

1. 常用衣服　特別是內衣褲

美國的窮人比率

根據官方1988年發表的數字，窮人在美國人口中所佔的比率，從1986年的13.6％下降至1987年的13.5％。但是，黑人和其他少數民族的窮人却明顯地增加了。

政府人口調查局報告說，經通脹調整後的美國家庭平均入息，去年繼續上升，但是，經通賬調整後的黑人和西班牙語裔家庭平均入息却下降了。

上述數字和事實是調查局對六萬二千個美國家庭抽查的結果。該局說，這些數字和事實說明，美國經濟繼續繁榮，但美國人並未均匀地分享繁榮的果實。然而，調查局的報告說，美國生活在“貧窮綫”以下的窮人總數，却由1986年的3,240萬，上升至1987年的3,250萬。但窮人總數和比率的升降幅度都不大。

對於這個報告，民間和官方反應不同。民間研究團體「預算與政策重點中心」負責人羅·格林斯坦說：「經濟復甦繼續令許多美國人成爲窮人。」白宮發言人馬·菲茨沃特則說：「經濟增長確實令大家提高了生活水平。」

報告指出，窮人比率1973年降至11.1％的低點後便保持大致

2. 常用藥品　比如感冒、跌打藥等等，如果是有慢性病的，更應帶齊常服藥物。

3. 小孩玩具學習用品　只要是不太破爛的，應盡量帶去，它可以使你的孩子情緒安定。

4. 字典　再簡單的家庭都應該有一本常用的英漢或漢英字典。

5. 化粧品　美國雖然是出產化粧品的國家，價錢一般比較便宜，但當地不一定有你常用的化粧品，特別是如果平日不是使用美國製品的人，

不變，但到1980年轉向急升，1983年達到15.2％的高點後又轉向下降。不過，1987年的比率仍高於七十年代的任何一年。

非牟利團體「糧食研究行動中心」負責人羅·法什說：「儘管在失業和經濟方面都有進展，八十年代却是美國窮人可怕的年代。」他並說，1987年的失業率與1978年差不多，但窮人比率却由11.4％升至13.5％。

調查局的報告說，以1987年和1986年作比較，白人的窮人率由11％降至10.5％，但黑人的窮人率却由31.1％升至33.1％，西班牙語裔的窮人率也由27.3％升至28.2％。

該局報告還透露了其他調查結果，其中包括：

——去年美國家庭平均入息經通脹調整後，上升1％，達到30,850元（美元，下同），其中白人家庭升1.1％，達到32,274元，黑人家庭則降0.8％，減至18,098元。

——按人口平均的每人入息，去年上升1.6％，達到12,287元，即使經通脹調整，仍是歷史高峯紀錄。

更要把自己平日用的帶去。當然，住的時間久後，可以設法尋找適合自己的化粧品。說老實話，有的非名牌品，可是價廉物美呢。

6. 理髮用具　爲小孩剪髮的理髮用具、自己用的吹風筒、卷髮筒等等不妨都帶去。
7. 厨房用具　一些厨房用具，如削皮刨、筷子等等常用而佔體積不大的用具應該帶備。
8. 常用食品　如茶葉、菊花、冬菇或一些調味品等等。
9. 如愛聽音樂，唱片或自己所喜的家鄉小調唱片不妨帶去。

帶備一些日常生活用品，不但可以節省重新購置的金錢，而且可以節省時間，在你人生地疏的時候，省却很多麻煩，提供很多方便以及親切感。

△醫療服務

在香港，叫救護車是不必化錢的，但是，在美國却要付錢。比如在紐約，打911號叫喚救護車，費用爲175～180美元。在三藩市，是每哩5美元，夜間加價爲25美元。其他處置爲25～5,300美元。夏威夷爲100～125美元。

美國的醫療費用相當驚人，以盲腸手術費爲例，紐約是1,700～1,900美元，三藩市是1,460美元以上，夏威夷比較便宜，也要1,195～1,288美元。除了手術費，還要付病房、護士費用，十分昂貴。因此，到美國，無論是長期居留或短期旅行，首先必須購買醫療保險。

△醫療保險

醫療保險有數百種類之多。大致分爲以保險人數爲對象的保險和以保險費用爲對象的保險兩大類。

美國保健計劃的趨勢

美國的醫藥保健計劃，數目極其龐大，可以說居於世界先進國家首位，佔美國全國國民生產額（GNP）的11.1%。以1987年爲例，美國在這方面花費五千億，較1986年，增加了9.8%，1988年大約又增加了8.2%，既超過了通貨膨脹，也一直在漲價項目中居於首位。1989年的費用，仍將增加9.1%。

花錢多未必質量好。有不少專家對這種現象加以評議。有的認爲醫院的床位應該減少40萬到50萬張。因爲床位多出，並非說明病人少，而是不少病人化不起錢住醫院。如果減少，就可以解決浪費和開支，整個保健醫院開支約有39%是浪費的。另外一項減少開支和浪費的辦法，就是免去不必要手術，不適當的治療。這些導致數不清的試驗，花費更多金錢。

另有些專家的意見是：開支減少不太容易，只能緩和漲勢。因爲有些開支的增加是基本的。他們建議爲減少保健開支增長率的一半，則一年的增加率應約爲3%，具體辦法是設法影響醫院治療的方式，要求醫院改進保健的方法。

還有大學教授認爲，隨着形勢的發展，新的開支和費用只有不斷增加，絕無可能節省。如果把科技的開支和工資的開支同列，這方面的年通貨膨脹率約5%到6%。人口增加則使保健醫藥開支1.5%到4%。這數字已超過了美國全年生產的毛額（GNP）。另外，降低保健醫藥開支的困難，也在於科技方面的新產品層出不窮，那怕價廉，人們也會不斷增加使用；而要大家都不生病更不現實。

這是目前美國醫藥保建計劃費用無法降低的癥結所在。

1. 以保險人數爲對象

a. 限於本人（ Individual ）

b. 只限夫婦（ Husband and Wife ）

c. 家庭（ Family ）

2. 以保險費用爲對象

a. 只限醫院費用

b. 只限醫生診金

c. 連同預防注射和健康檢查

d. 連同分娩費用

e. 連同牙科

美國的醫藥保險種類繁多，下面介紹幾個最爲普通的。

1. 藍十字 Blue Cross

這個保險有兩種，一爲 DESIG N 2 是專爲10個人以上的團體而設的醫藥保險。保險費和投保內容固定不變。一般赴美加的旅行團常介紹這一種。另一種爲 DESIG N 1 是專爲一人老闆而設的。

2. 蘭盾 Blue shield

此保險名稱爲 New Cornet 365 是指投保人住院才付的醫藥保險。不保平日看病。

3. 凱撒醫院 Kaiser Hospital

爲醫院自己辦的保險。但看病、開刀或住院只能在該醫院。其他醫院不行。

如果工作或住家附近有此醫院，當然應該投保這種保險了。

如果是住在三藩市，不妨申請加入東北衞生服務處，領取「黃卡」。持有這種黃卡的話，就可以到東北衞生服務處求醫就診了。

△求醫途徑

以下表格顯示一般家庭的求醫途徑。

1. 預約（ Appointment ）

一般進行電話預約。

2. 急診（ Emergency room ）

沒有預約的情況下，應掛急診。

3. 初診（ First Visit ）

按預約規定日期前往。

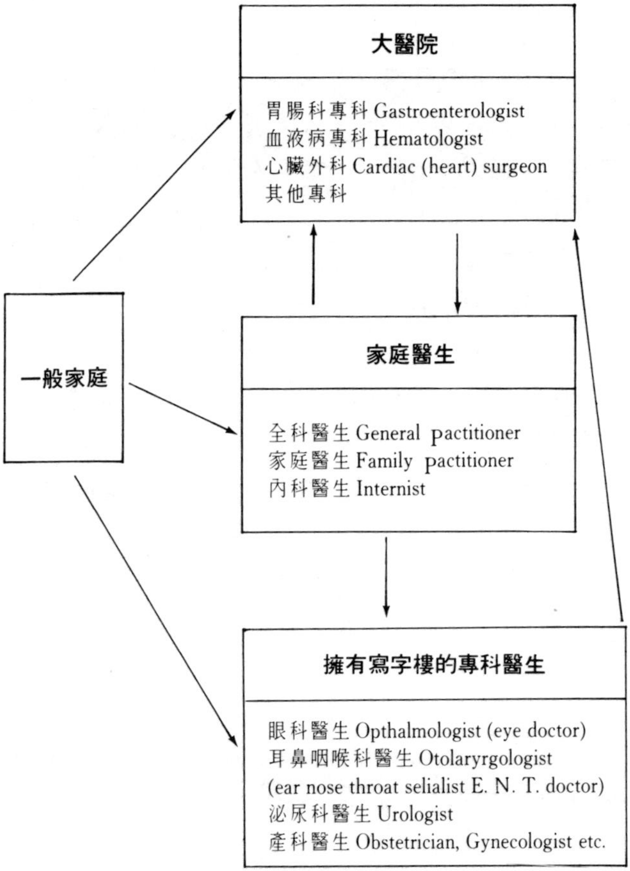

△醫藥分家

美國是醫藥分家，醫院與藥房獨立經營。也就是說醫生只看病開藥方，看完病後，病者要攜帶藥方去藥房配藥。與香港醫藥一家方式很不相同。

美國的藥劑師與醫生同一資格，水準很高，對藥物十分熟悉。因此，有很多家庭多請教藥劑師買不必藥方的常用藥放在家中備用。中國人除了買備一些西藥外，應經常自備一些中成藥，如銀翹解毒、牛黃解毒、黃蓮素、感冒靈等等。

△如何申請電話

美國的電話和香港一樣發達、方便。按裝電話也不必什麼條件（當然，一定的按金是必須的），只須到附近的電話公司申請即可。電話機可以租用也可以買斷，至於其顏色、機款任君選擇。

△電話的打法

1. 市內電話（ local call ）

除了紐約市外，全國其他地域，只要是同屬一地區編號的電話都屬市內電話，無時間、次數限制。紐約市則同一市區也有地區差別，不同地區有時間限制。

2. 市外電話（ long-distance call ）

美國地方遼闊，不同市的話，距離遠，市外電話就列爲長途電話。

3. 國際電話

國際電話有 3 種： dial direct 、 Station-to-station call 和 person to person 。大多數城市都不必通過接線生，能夠像香港的 IDD 那樣一撥就通。

通過電話生的長途電話分爲號碼電話（ Station-to-station ）和指名電話（ person to person ）兩種。前者對接聽者無限制，只要號碼接通即算，後者則指名接聽者，只有找到其本人才須付錢。

還有一種長途電話是對方付款的，叫做 Collect Call。

4. 公衆電話（ pay telephone ）

美國各大城鎮都遍設公衆電話，非常方便，市內電話一次爲 1 quarter（25美仙）。長途電話按時間計算，掛之前一定要準備足夠的硬幣。

△跨州長途電話收費情況

<table>
<tr><th>時間＼星期</th><th>日</th><th>一</th><th>二</th><th>三</th><th>四</th><th>五</th><th>六</th></tr>
<tr><td>8 am ～ 5 pm</td><td></td><td colspan="5">普通收費（100%）</td><td></td></tr>
<tr><td>5 pm ～ 11 pm</td><td colspan="6">黃昏收費（減40%）</td><td></td></tr>
<tr><td>11 pm ～ 5 am</td><td colspan="7">夜間週末收費（減65%）</td></tr>
</table>

△緊急電話號碼

請記住以下號碼：

警察……………911
火警……………911
救護車…………911

此外，還要記得 2 個號碼，一是611，這是專管電話發生故障的電話，相當於香港的109。另一爲 0，這個 0 相當於香港的108。是查詢問電話，但它比108多一個功能，就是緊急時可請代撥求援電話，需要時可說「This is an emergency. Get me a policeman or an ambulance or the fire department.」。

△餐廳種類

超級市場

世界第一家超級市場誕生於30年代的美國，到1935年發展到600多家。當時沒有什麼電腦設置，水平相當於目前最簡陋的自選商店。

在美國，1982年有超級市場3.5萬家，佔有全國食品零售額的77%。

美國最現代化的超級市場，全部採用電腦管理系統。商場結束營業後10分鐘內，電腦自動結算出帳目，打出報表送達經理室，經理據此安排次日營業計劃。每件商品包裝皮背面印有不同綫條的代號，一到出口處，電腦即自動將價格反映到收款器上去結算。盤點也不用人工，以電腦感光器掃瞄商品代號，即可獲得庫存數字。

美國餐廳繁多，各式各樣。除正式的餐廳之外，還有以下各種餐廳。這類餐廳可自由出入，服裝也不必太注意。

①自助餐廳（Cafeteria）

沒有侍應的自助餐廳。自己從排列在柜面的食物、飲料挾取自己喜歡的放在盤子（或食物盒子）。付錢後即可食用（一般有桌椅設備）。

菜式非一流，但味道好，款式多。不必貼士。

②咖啡室（Coffee Shop）

有咖啡及三文治、漢堡包供應。有侍應，付10%左右之貼士。

③熟食品（Delica tessen）

有三文治供應。可站着吃或在坐在公園長椅上吃。在紐約、洛杉磯、芝加哥等大城市較多。營業時間至很晚。

④藥房（ Drug store ）

由藥房演變而來。大部分的店經營日用雜貨，僅在店內一角設立柜台，供應咖啡、牛奶、可可、漢堡包、三文治。

這種柜台在超級市場或廉價商店等也可見到。

⑤路旁餐館（ Drive inn ）

可坐在車內向女侍應訂菜。有時會在停車場放置話筒（麥克風），由侍應送到。菜單字體較大，坐在車上也看得見。以簡單食品和飲料爲主。

⑥熱狗攤（ Hot dog stand ）

這是紐約市獨特的東西。麵包中夾着法國香腸，塗上芥辣、番茄醬、酸奶油等。便宜好吃，和漢堡包同爲美國代表性食物。也有簡單飲料。不要貼士。

⑦自動販賣機（ Automat ）

餐館裏只有自動販賣機。美國人稱爲機械餐館。有漢堡包、各種三文治、熱狗、沙律、水果、咖啡等供應。由於要使用硬幣，旁邊還有紙幣找換機呢。寫字樓大廈、工場、大學、遊樂園、購物中心等人多集中處肯定有這種「機械餐館」。

⑧外賣（ Take cut ）

一些餐館（非一流餐館）有外賣供應。主要是意大利薄餅、三文治。也有的中國餐館有這種服務。

美國的食物有一定容量，訂菜後常有吃不完的情形。這時可以要求給個狗食袋（ Doggie bag ），把吃剩食物帶回給狗吃。

△汽　車

美國交通發達。由於地大，除了大小、長短途巴士、地鐵、計程車外，飛機也扮演很重要的角色。

與民生關係最大的，其中之一應該是自置汽車了。

△買　車

在美國，擁有自己的車可以說幾乎是必需的，因此，有很多人在經濟一旦過得去時，就會考慮買車的問題。

買車前應考慮與停車處、加油、修車、保險等等有關的問題。買車時，則首先要考慮買車與一般百貨商店可以退貨的情形不一般，是「概不退換」的，因此，要十分小心謹慎。除了找有信譽的公司或經紀外，還要找這方面有知識有經驗的朋友幫忙。

△賣　車

賣車與買車同樣要小心對待。有一點最重要的是，賣掉車後，必須馬上到汽車管理局（DM4）辦好轉戶手續。不然的話，如果車子未轉戶就闖禍，責任擔當者就是你了。

△國際駕駛執照

國際駕駛執照在美國各州的有效期限不盡相同。比如在加州，就只有15天的期限。遷到加州的人都要到汽車監理所（DEPARTMENT OF MOTOR VEHICLE）去重新考試，換取加州執照。

國際執照固然通用，但如果一旦出車禍，其後果不得了。

△汽車保險

任何保險都是分爲以下兩大部分。

①包括對他人的賠償責任

②包括對自己所受損害的經濟賠償

汽車保險也由此兩項組成。但其中有些是作爲强制保險，對所有買保險者均是義務。

以下為紐約州與新澤西州的強制保險。

紐約州的强制保險

對人		對物		UM	
一個人 $10,000	1事故 $20,000	1事故 $5,000	PIP 規定	1人 $10,000	1事故 $20,000

新澤西州的强制保險

對人		對物		UM		
一個人 $10,000	1事故 $20,000	1事故 $5,000	PIP 規定	1人 $15,000	1事故 $30,000	對物 $5,000

以上表格對人、對物的賠償責任保險，大家都已了解，這裏只對PIP和UM說明一下。

PIP全稱Personal Injury Protection是根據NO. Fault法，對發生事故的任何一方給予傷害治療費或因傷害導致停職時的經濟補償。

以前，發生事故後，有關治療費或經濟損失的訴訟，有幾方面，裁判需要時間，律師費用多，即使勝訴，所剩無多的例子不少。而根據NO. Fault法律，這一類訴訟少了。PIP給予包括隨意選擇的醫療費或經濟性損失的保險額。

UM全稱Protection Against Uninsured Motorist。是對無保險車的保險。例如，撞車時，雖然被撞的人有訴訟之權利，但如果被訴訟的一方沒有買保險，或訴訟後宣告破產，訴訟者便什麼也拿不到了，遇到這種場合，根據UM法，保險公司就要代付了。

△住　房

美國的房子一般分為獨院和公寓兩種。獨院叫做

House，指花園洋房，好處是一般有三層房子（一樓二樓外加地窖），屋前（或周圍）有地，可供種花草甚至果木。麻煩處是夏天要剪草，冬天要自掃門前雪。再者，如果家裏人口少，還要考慮治安問題。公寓叫做 Apartment，有如香港一般的大厦，分層出售。這種房子好處是免却剪草、掃雪麻煩，人少也不必太擔心治安問題，因爲是整幢房子有專人管理。缺點是當然面積不會太大，而且沒有種花草之地，還有就是這種房子價錢越來越貴。

△租房辦法

美國房子的出租，大都由專門的公司經營管理。他們設有正式的出租契約。

租住房子和購買房子一樣，都要考慮房子本身建築、周圍環境等等，但租房子相對來說，會是比較暫時的，因此，只要生活方便，治安良好，一般不必太苛求。

出租契約內容繁複，務必看清各條款才好動筆簽名。這方面，除了找穩妥可靠的經紀人外，最好還有朋友陪同。

一般情況，一個人住 Studio（以一個房間爲單元的公寓）已經足夠。中城市以上月租約爲400美元。房間數增多，價錢也增加。一個房間約400美元，2個房間爲700美元。依所住城市、周圍環境、房子新舊、交通、購物便利等情況而有差異。

至於單門獨戶的 House，由於面積比較大，月租一般最低爲800美元。

租屋在簽約時一般要付一個月房租和相當於一個月房租的按金。有的則還要付一筆保證金。按金與保證金在退房時可以退回。

△**購樓須知**

在美國買賣房子都得經過房地產公司。房地產公司的負責人英文叫 Broker。帶客人去看房子，辦理買賣、貸款手續的，英文叫 Agent。這兩種人都得經過政府考試及格才能做。

房地產公司在做成一買賣後，一般是要收取手續費的，至於由買主抑或賣主負擔，各州不同。而且可以商量。

買房子不但要看房子本身的建築，還要了解附近的交通、學校、治安、市場等等，初來乍到的人，有時不一定考慮全面，了解全面，因此，最爲重要的是要找一位穩妥誠信的經紀人。

此外，買房子一切涉及文件都是用英文的，應該徹底弄淸楚內容後才好簽名。並切記不要在任何空白紙上簽名。

△**房屋保險**

買了房子後，和香港一樣要爲房子買保險。不過，香港買的多是火險，而美國的房子保險還有責任險等等。什麼叫責任險呢，比如有人在你房子裏跌傷，或家裏的狗咬了人，甚至任何人在你家門口摔跤受傷，責任保險就可以擔負這些責任。

△**銀　行**

美國的銀行制度與香港的銀行大同小異。有些跨國際的，則與香港的有關係，比如香港上海滙豐銀行。滙款、轉賬、支票兌現都十分方便。

美國的銀行一般都使用英語，但有些大城市的銀行，特別是座落唐人街附近的，也有聘請專人使用華語爲顧客服務的。

以下介紹三種存款

1. 活期存款（ Savings Account ）

這種存款可以每天提出或存入，利息低。存、取之前都要先填好有關單據。與香港的「紅簿仔」相同。

2. 定期存款（ Fixed deposit ）

有幾種形式。如 Money Market， Time Certificate， IRA 等。後者只適用在美國有收入的人。

3. 支票存款（ Checking accounts ）

這是爲支票存的款，無利息。

銀行與我們生活至爲密切，除了儲蓄存款外，她還爲你提供各種服務，可多了解，善加利用。

七、教　育

△12年義務教育

美國實行12年義務教育。1～5年級為小學，6～8年級為初中，9～12年級為高中。

教育行政為公立及地方。聯邦教育部及州教育廳只是輔助各市的教育局（Board of Education）推行教育。因此，各義務教育的年限各州可有不同。美國的法律規定18歲以下為强迫性義務教育。

為照顧一些家庭，有的教育局會設立學前幼兒照顧。而除了1～12正規教育外，還有特殊學校教育（Alternative School）。

任何一國的新移民來到美國後，父母應該帶子女向當地教育局報到，為孩子塡寫入學表格。

以下表格顯示美國教育制度的年限及彼此關係。

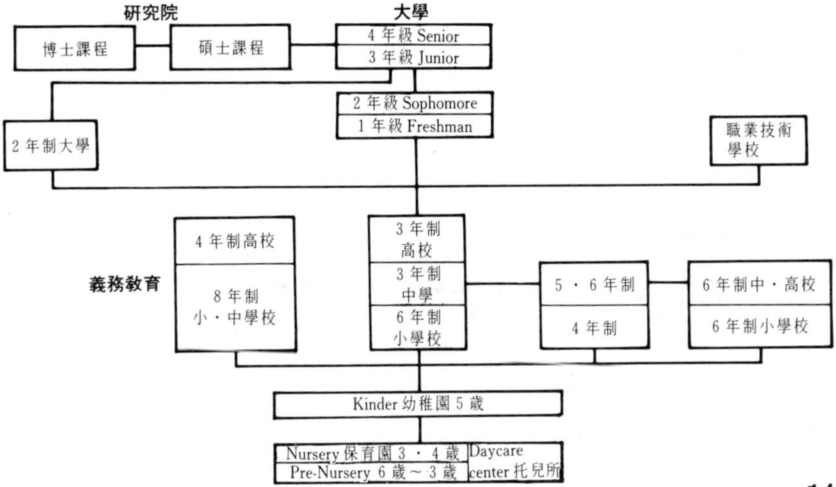

△**美國教育結構與香港教育結構比較**（香港國際教育協會提供）

美國教育結構

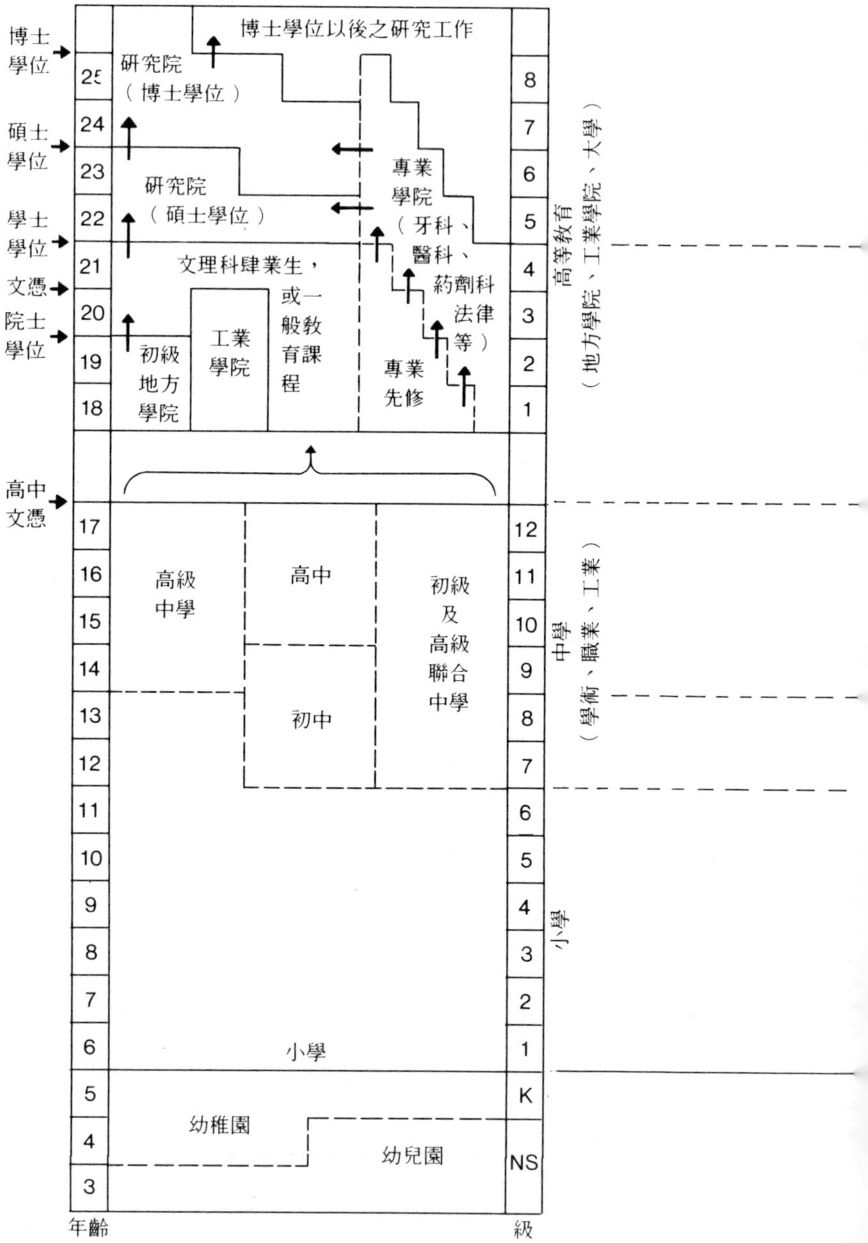

香港教育結構

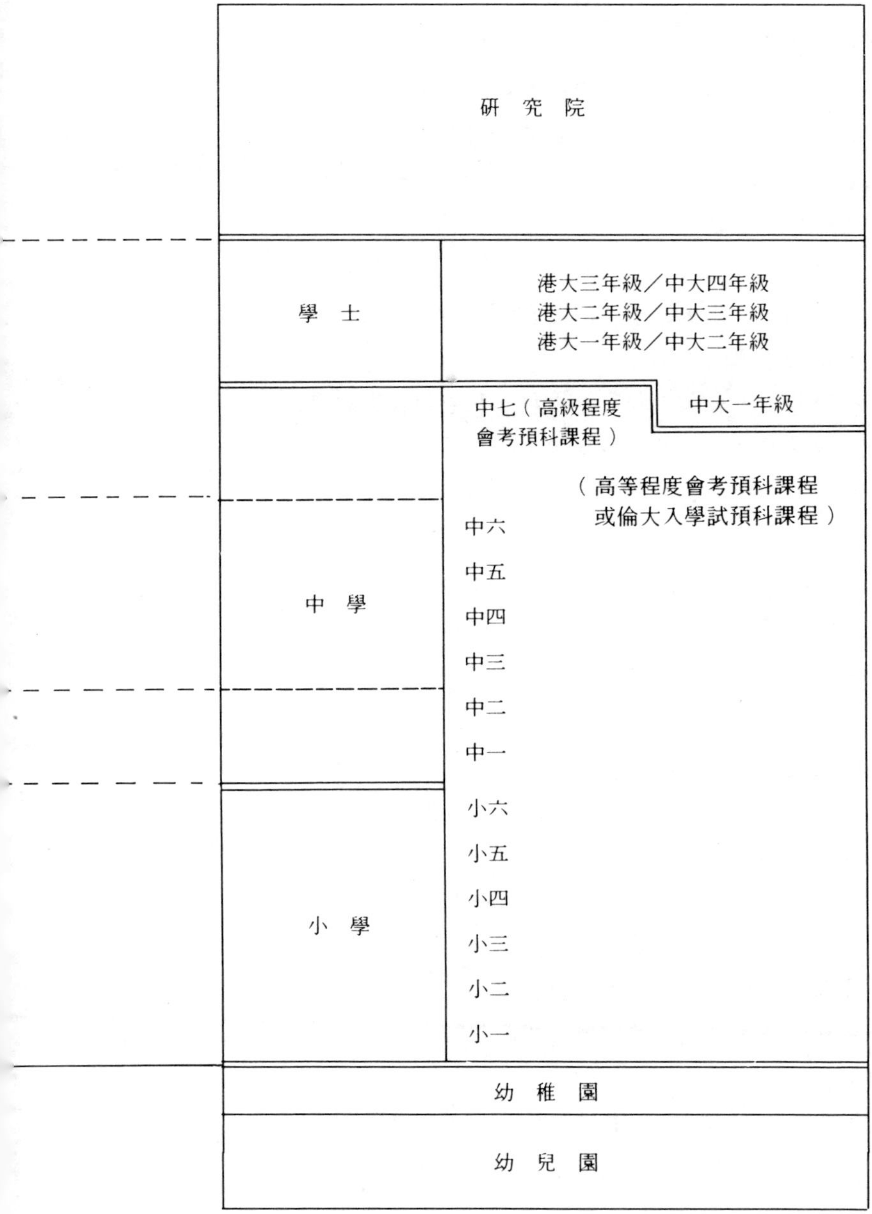
研究院
學士
港大三年級／中大四年級
港大二年級／中大三年級
港大一年級／中大二年級
中七（高級程度會考預科課程）
中大一年級
（高等程度會考預科課程或倫大入學試預科課程）
中學
中六
中五
中四
中三
中二
中一
小學
小六
小五
小四
小三
小二
小一
幼稚園
幼兒園

△幼稚園（ Nursery School ）

多爲教會、個人或小團體經營。以 3 、 4 歲幼兒爲對象。上課時間、內容、費用各各不同，入學前最好先了解清楚。

一般要求不高，有健康證明書即可。到 5 歲時可進 Kindergarten。公立免費，私立一年約600～1200美元。

△小學和中學

小學（ Elementary School ）

在大部分的州，孩子在該年12月以前滿 6 歲，就成爲一年級小學生了。

小學基本上分公立和私立兩種。私立學校多數是教會學校，其中天主教辦的學校，規則多，規定穿校服。公立學校表面看起來比較放鬆，不過，裏面也根據個人能力編班。

公立學校免費，私立學校一年約300～2,500美元，各校收費不同。

中學（ Secondary School ）

事實上，小學及中學教育，其年限各州不盡相同。主要有以下三種系統：

① 6 年小學， 3 年初中（ Junior High School ） 3 年高中（ Senior High School ）；

② 6 年小學， 2 年初中（ Junior High School ） 4 年高中（ Senior High School ）；

③ 8 年小學， 4 年中學（ High School ）。

三種情況均以12年義務教育年限爲限。第一種比較像中國的傳統教育系統。

無論是哪一種系統，其最後一年相當於香港的中六，開始爲進入大學作準備，接受各種考試，報考各類大學。考試種類一般是以下四種：

SAT（ Scholastic Aptitude Test ）學習能力測驗試。

ACT（ American College Test ）學習能力及知識程度測驗。

AT（ ACH ）（ Achievement Test ）特定學科測驗，供入學後分班參攷。

TOEFL （ Test of English as a Foreign Language ）托福英文試。

△高等教育

大致分爲技能專校（ Technical School ），初級學院（ Junior College ），學院（ College ），以及大學（ University ）四種。四年制的學院或大學裏多設有碩士班與博士班。以下簡介各種學院概況。

①技能專校（ Technical School ）

此類學校提供一年至二年的專業課程，訓練學生有從事專技工作的能力。如牙科技術員、電腦技術員等。

②初級學院（ Junior College ）

有的州稱 2 年級學院（ Two Year College ）或稱社區學院（ Community College ）。提供各種課程，以適應學生不同之需要。修業期爲 2 年。所學課程可爲四年制大學作準備。不準備升大學的則可以選修類似技能專校的課程，作就業準備。

③四年制學院（ Four Year College ）

此類學院通常以教學特長名之，例如文理學院，教育學院等。畢業生通常授與學士學位。

④大學（ University ）

通常由數個學院組成。例如文學院、理學院、工學院、醫學院等等。教學範圍包括大學課程與研究所課程。大學部的課程與四年制學院的大致相同，學生畢業後，授與學士學位。

研究所稱 Graduate School，爲取得學士學位後的學生提供較爲高深的學術課程，並提供專業研究。碩士班一般爲 2 年，博士班一般爲 3 ～ 5 年。

△公立學校與私立學校

美國實行12年義務教育制，但大專起則依預算經費的來源分成公立與私立學校兩種。

1. 公立學校

一般稱爲州立或社區學院。由政府贊助。所謂政府，指的是州政府及聯邦政府，學校大部分經費由當地州政府提供，間而接受聯邦政府贊助。本州居民收費較外州居民低廉。所以有州外學費之稱。市政府贊助的稱爲市立學校。

2. 私立學校

由私人或宗教團體創辦的謂之私立學校。經費來源於學生學費、捐款以及其他捐贈。此種學校學費昂貴，但無本州或外州之分，一視同仁。美國排名最前位的幾間大學如哈佛、斯坦福、耶魯、普林斯頓都是私立大學。

△高等教育的評鑑制度

美國和很多國家很不相同的是，沒有一個教育部來掌理全國的教育事務，也就是說美國政府在教育體系中所扮演的角色並不顯著。

那麼，教學成果由誰掌握呢？是各校的校務管理委員會，教務行政工作的管理人員以及教授團。至於各大專院校的教學水準和課程內容的評鑑，則由六個地區的評鑑機構和其他專業學會負責。評鑑結果均列諸於各校的簡介資料上，供學生參攷。

△大學通材敎育

一般大學通常爲學生提供1～2年的通材教育或稱基礎教育課程。待學生瞭解各學科之特點後再進行主修學科。這種學習方式有的認爲很好，可令學生選修自己興趣課程，但也有人認爲浪費時間,見仁見智。

△留學生政策

美國的大學門一向爲海外留學生敞開。因此留學美國的海外學生逐年增加。根據美國國際教育學會的統計，1986年有35萬外國留學生。這個數字並以每年約10％的增長率增加。

△香港歷年赴美留學人數

年份	人數	年份	人數
1958	1,027	1969	2,597
1960	1,060	1971	2,886
1961	766	1973	2,812
1962	810	1974	3,378
1963	910	1975	2,873
1964	974	1976	3,004
1965	1,012	1977	2,710
1966	1,111	1981	2,238
1967	1,414	1982	3,062
1968	2,054		

（香港報紙發表的統計數字）

△美國名牌大學

美國私立、公立、州立的大學、工科大學等一共有三千多間。根據1987年發表的美國新聞及世界報導兩年一度的全美最優秀大學選擧，排名前20名的爲：

大學名稱（中文、英文）		每年學費
1.斯坦福大學	Stanford Univ.	11,880
2.哈佛大學	Harvard Univ.	12,015
3.耶魯大學	Yale Univ.	12,120
4.普林斯頓大學	Princeton Univ.	12,550
5.加州栢克萊大學	Univ. of Calif. Berkeley	5,776
6.達特茅斯學院	Dartmouth College	12,474
7.公爵大學	Duke Univ.	10,320
8.芝加哥大學	Univ. of Chicago	12,120
密執安(安阿伯)大學	Univ. of Michigan(Ann Arbor)	8,828
10.白朗大學	Brown Univ.	12,960
11.康奈爾大學	Cornell Univ.	12,300
麻省理工學院	Mass. Inst. of Technology	12,500
北卡羅來納大學	Univ. of N. Carolina	4,106
14.賴斯大學	Rice Univ.	5,125
15.維珍尼亞大學	Univ. of Virginia	5,800
16.約翰霍浦金斯大學	Johns Hopkins Univ.	11,000
17.西北大學	Northwestern Univ.	11,637
18.哥倫比亞大學	Columbia University	11,900
19.賓夕凡尼亞大學	Univ. of Pennsylvania	11,976
20.伊利諾大學	Univ. of Illinois	4,410

美國院校常用之詞彙

academic degree ——於大學內完成之一定課程而頒獲之認可學術學位。

academic year ——學年。

accreditation ——學校達到一定教育程度而被認可。

ACT (American College Test) ——美國大學入學考試。

associate's degree ——院士，通常完成兩年學院課程或同等程度而獲頒的學位。

bachelor's degree ——學士學位，已完成四年大學課程或同等程度而獲頒的學位。

CELT (Comprehensive English Language Test) ——綜合性的英文考試。

certificate ——證書，結業的書面證明。

class ——(a) 授課時間　(b) 課程

coeducational ——男女同校。

college ——學院，頒發學士學位之學院，通常是大學內之一部分。

community college ——初級大學或稱社區大學，提供職業先修或文理科目之二年制課程。

course ——課程或科目。

credit ——學分，一個學時即於某學期內每週上該科一小時。

degree ——學位。

department ——學系。

dissertation ——論文，爲獲得博士學位作出研究的論文。

doctorate ——博士學位，美國大學所頒發之最高學位。

enrollment ——註册。

faculty ——教授及教務人員。

fellowship ——大學特別研究員。

field of study ——學習科目或範圍。

financial assistance ——經濟援助，如奬學金，貸款，助學金。

freshman——四年制大學的一年級新生。

full-time student——每學年選修足夠學科的學生（通常未具大學學位須選修十二學分，而具學位者選修九學分）。

graduate student——研究院學生。

GPA (grade-point average)——平均學分。

GRE(Graduate Record Examination)——研究院入學試。

higher education——專上教育。

hour——學分 (credit hour) 的簡稱。

institution——學府，學院。

institute of technology——理工大學。

junior——四年制大學的三年級學生。

lecture——授課。

letter grading——評分，以字母作評分方法。

liberal arts——文理科，人文，數學，社會科學，自然科學等學習科目。

major——主修課目。

master's degree——碩士，碩士學位，通常在獲得學士學位後修一年或兩年課程。

matriculant——獲准進入大學修讀學位課程之學生。

matriculate——註册入讀學位課程。

MCAT (Medical College Admission Test)——醫學院入學試。

part-time student——部分時間制學生，即修讀十二學分以下之學生。

partial scholarship——半獎學金。

pass, pass-fail, pass-no credit——沒有學分之一種評分制度，只表示合格或不合格。

percentage-grading——一種以百分率評分之制度。

postsecondary——大專教育。

point-scale grading——以零至四作爲評分制。

preprofessional courses——進入專科學院前所修讀之準備課程。

prerequisite——修讀學位或其他課程前之必修科。

private institutions ——私立大學。

professional degree ——專業學位，如法律，醫學，宗教，工業管理及牙科等學位。

professional school ——專業學院。

public institutions ——除了國防部主辦之軍校外，美國並沒有政府大學，州立大學乃由個別州所資助。

quarter ——約十一個星期爲一學期之學期制。

registration ——註册入學。

requirement ——必修科目。

SAT (Scholastic Aptitude Test) ——美國大學入學試。

school ——學校或稱學府。

semester ——大約十七星期爲一學期之學期制。

seminar ——授課之一種形式，以教授與學生互相研討爲主。

senior ——四年大學課程中之第四年級生。

session ——學年中的其中一個學期。

sophomore ——四年大學課程中的第二年級生。

summer seasion ——夏季學期。

survey ——概觀，課程審視。

technical school ——工業學校。

term ——學期。

thesis ——論文。

trade school ——職業先修學校。

transcript ——學業成績表。

transfer ——從某一大學轉讀另一大學。

transfer credits ——從某一大學轉讀另一大學，而所唸學分受另一大學所承認。

trimester ——約十五星期爲一學期之學期制。

tuition ——學費。

undergraduate ——攻讀學士學位之學生。

university ——大學。

visa ——簽證。

（香港國際教育協會提供）

△主要工科大學

排名	大學名稱	外州生年費(美元)
1.	Massachusetts Institute of Technology	12,500
2.	University of Illinois, Urbana-Champaign	6,120
3.	Stanford University	12,465
4.	University of California, Berkeley	6,066
5.	California Institute of Technology	11,000
6.	University of Michigan, Ann Arbor	9,684
7.	Purdue University	5,388
8.	Cornell University	12,300
9.	Carnegie-Mellon University	11,850
10.	University of Texas, Austin	3,234

△主要醫科大學

大學名稱	外州生年費(美元)
1. Harvard University	14,850
2. Johns Hopkins University	13,600
3. University of Pennsylvania	15,640
4. U. C. San Francisco	4,290
5. Yale University	13,770

6. Washington University	14,100
7. Stanford University	14,535
8. Duke University	11,600
9. Columbia University	14,934
10. Cornell University	16,300

△主要商科大學

大學名稱	外州生年費(美元)
1.斯坦福大學	12,960
2.哈佛大學	13,300
3.賓州大學華盛頓研究院	13,354
4.麻省理工史龍管理研究院	12,700
5.芝加哥大學	13,500
6.西北大學	13,200
凱洛格管理研究院	
7.安阿伯密執安大學	11,312
8.卡內基美隆大學	12,648
9.哥倫比亞大學	13,000
10.柏克萊加州大學	5,766

△主要地區性商學院

地區	商　學　院	外州生年費(美元)
東部地區	1. Georgetown University	10,000
	2. U. New Hampshire, Whittemore School of Business and Economics	6,950
	3. Johns Hopkins University	3,720
	4. Bentley College	9,000
	Pace University Lubin School of Business	6,120
南部地區	1. George Mason University	3,648
	2. Rice University, Jesse Jones School	4,900
	3. University of Tennessee, Chattanooga	4,182
	4. University of Texas, Dallas	2,880
	5. Milsaps College, Else School	4,050
西部和中西部地區	1. Claremont Graduate School	9,930
	2. American Graduate School of International Management, Thunderbird Campus	7,830
	3. Pepperdine University	8,400
	4. Iowa State University	5,106
	5. Willamette U., George H. Atkinson Graduate School of Management	8,100

△美國大學的申請條件

必須具備SAT（學習能力測驗試）和TOEFL（托福英文試）。托福試一般要求在550分以上，而SAT要求在1,000分以上。一些名牌大學，除這兩項成績外，還要求AT（學業成就測驗）成績。

香港讀完中六的學生，即可申請報考美國大學。具體申請辦法可詢問教育署海外留學暨獎學金組①以及國際教育協會②。

註：①位於香港利園大厦 5 字樓

②位於香港灣仔藝術中心頂樓12字樓

留學資格一覽表

學　校	入學資格
中　學	中學成績、托福試成績 只能申請私立中學
兩年制學院	預科程度，托福試成績（500分以上）
四年制大學 （學位課程）	預科程度，托福試550分以上。 SAT或AT成績
修畢 2 年制學院，可以申請轉讀大學課程。	

△如何選擇學校

①首先要選擇美國教育評審會審列合格的學校。

②根據自己所選學科選校。能讀名校固然好，但有的學校雖然名氣不很大，但該學科好就可以考慮，比如加州理工學院（ CIT ）雖然名氣不夠麻省理工學院（ MIT ）大，但其工程和電腦科學亦十分出色。又比如洛杉磯大學，雖然不入選全美頭20名大學，但其理工科和商科都很好，而且研究院的電腦課程也很出色，在全國也名列前十位。

③根據自己經濟條件。如果經濟條件較差，可考慮先入兩年制學院，然後轉讀四年制大學；其次州立大學比私立大學，鄉鎮大學比城市大學收費低廉。不

過，有一點要知道的，這就是州立大學與鄉鎮大學提供的獎學金比較少，如果成績好，不妨考慮申請私立大學之獎助學金。此外，城市大學多有暑期課程。以美國學分制度來說，如果能修暑期課程，拿到學分，縮短學習年限，也是節省費用的一種辦法。

④選擇科系較多的大學，以便有較多選擇，以及容易轉系。對未能一開始就選定主修科系的學生來說，這一點尤其重要。

△如何選科

一般來說，人們對選讀科系的看法有兩個標準，其一是看將來的職業機會及待遇，其二是純講興趣。各說均有各是，見仁見智。不過，美國教育制度彈性較大，學生對於科系有較多的選擇機會。事先確立志向，早日朝旣定目標努力，固然很好，但如果拿不定主意，也不必急。因爲美國大學允許學生在入學一、二年後才決定主修科系。

△赴美升學開支（教育署海外留學生暨獎學金組提供）

費用/年 學院	學　費	生活費	全年費用
私立中學	1,400～10,100	4,850～7,600	6,250～17,700
兩年制學院	1,520～ 57,40	4,850～7,600	6,370～13,340
四年制大學	2,500～11,770	4,850～7,600	7,350～19,370
此處費用係指美元			

△**赴美升學各公開試考試時間表**（1989～1990年度）

名　　稱	考試日期	申請截止日期	費　用
TOEFL	1989. 8 . 5	1989. 6 . 7	HK＄260
	1989.10.28	1989. 8 . 25	HK＄260
	1989.11.18	1989. 9 . 20	HK＄260
	1990. 1 . 13	1989.11.15	HK＄260
	1990. 3 . 10	1990. 1 . 10	HK＄260
	1990. 6 . 1	1990. 4 . 11	HK＄320

名　　稱	考試日期	郵戳日期	費　用
SAT/AT	1989.11. 4	1989. 9 . 25	SAT：US＄19.50 AT：US＄26.00 SAT STANBY：US＄30.00
	1989.12. 2	1989.10.23	
	1990. 1 . 27	1989.12.18	
	1990. 3 . 31	1990. 2 . 19	
	1990. 5 . 5	1990. 3 . 26	
	1990. 6 . 2	1990. 4 . 23	

（詳情可詢國際教育協會。地址：香港灣仔港灣道 2 號香港藝術中心12字樓，電話：5-283251）

△申請程序（香港國際教育協會提供）

香港學生申請美國大學須完成中六課程（相等於美國中學畢業程度），而成績良好。
注意：本時間表適用於申請秋季入學之同學。

時間表	注意事項／申請程序
七至八月（約入學前十二個月）	－向國際教育協會查詢有關資料 －參加留美講座（逢星期一下午四時，在國際教育協會圖書館舉行） －參加主修科目課程座談會，由回港渡假之留美同學主講。 －深入輔導 －電腦諮詢服務 －申請入學前，申請人須評估本人之英語水準、學業成績及經濟能力，考慮本人條件能否達到美國大學一般之要求。 －收集美國大學資料，包括大學主修課程，收費情況，入學要求及有關資料，然後根據本人之要求及條件，選擇十至十二間合意之學校。 －向本會查詢報考美國大學入學試資料，包括報名手續、費用、考試內容及截止報名日期。（申請學士學位課程之入學試如 TOEFL，SAT，AT，ACT；申請研究院課程之入學試如 TOEFL，GRE，GMAT，MAT，LSAT，TSE）。 －索取大學報名表格及課程簡介。用書面或初步申請表格（preliminary application form）向大學招生處索取有關資料及表格，初步申請表格可向本會免費索取。如有興趣或有需要申請獎學金，可向校方索取申請表格及細則。 －參閱本會圖書館內之各美國大學校刊或其他參考資料（如電視錄影帶、幻燈錄影片），使用電腦諮詢服務。
九至十月	－報考美國大學入學試。
十一至十二月	－參閱寄回之大學報名表格及有關資料，自行選擇四至六間理想學校，正式申請入學。 －在截止報名日期前，填妥申請表格，寄回大學招生處。其他要求文件亦須於指定日期前寄回大學。 －報名費用（由十五至五十美元不等）；可用美金滙票郵寄，收款人請填上所申請之大學名稱。 －申請學士學位課程所須之學業成績證明文件：

時間表	注意事項／申請程序
	(a) 中學學校成績（起碼由中三至中六之學校成績），成績須由學校簽發。 (b) 公開試成績正本（如香港中學會考、高等程度會考、高級程度會考、倫大入學試成績）；成績正本可向香港考試局申請簽發。
	一申請研究院課程所須之學業成績：大學/大專院校成績。
	一其他證明文件： (a) 經濟證明文件：如贊助人證明書及其銀行證明信件，以茲證明贊助人之經濟能力及願意負責申請人一切開支。 (b) 驗身報告。 (c) 美國大學入學試成績正本；可向有關當局申請簽發。 (d) 獎學金申請表格（如申請大學所頒授之獎學金） (e) 推薦書：由中學老師或校長塡寫。 (f) 報名費
一至二月	一上述文件必須於指定日期前寄回大學招生處。 一如大學沒有發給任何收據，可與校方保持聯絡，確保校方收到一切有關文件。
二至六月	一校方發給申請人之入學通知書/拒絕入學通知書。 一假若收到兩間或以上之入學通知書，申請人必須自行選擇適合自己之學校。 一申請人作出決定後，必須與有關學校聯絡，以便學校簽發入學通知證明書（Form I-20）。 一注意：部份學校在發出入學通知證明書前，可能要求申請人先付保證金，金額由一百美元至半年學費不等。 一書面拒絕其餘發給入學通知之大學，以便後補生有機會被錄取。
六月	一申請香港人民入境事務處所簽發之香港護照/身份證明書/簽證身份書。 一當申請人收到校方所發給之入學通知證明書，可前往美國領事館申請「學生簽證」。 一如獲批准學生簽證，學生可自行安排或委託旅行社代訂機票及辦理一切事宜。
七月	一參加由國際教育協會及恒生銀行教育輔導組合辦之留美學生出發前講座，門票可向主辦當局索取。 一學生可向本會索取「入境前須知」小冊子。 一校方通知學生接機服務，抵步須知及住宿安排。
八至九月	一學生起碼於開學前一星期向學校報到。 一抵步後，根據學校之指示辦理入學手續。

赴美各公開試

TOEFL

全名爲 Test of English as a Foreign Language。托福試。爲美國教育測驗社主辦，用以測驗非英語系國家人民的英語能力。是申請美國大學必備的證明文件之一。普通大學要求托福試成績在500分以上。香港美國領事館簽証要求之成績爲550分以上。

內容包括聽力、字彙能力和閱讀能力考試三大部分。報考資格無硬性規定。

此試每隔二至三星期即舉行一次，報名表可在教育署、國際教育協會索取。

SAT

全名爲 Scholastic Aptitude Test。學習能力測驗試。考英文及數學。普通大學要求 SAT 成績在1,000分以上。此成績也是申請美國大學不可缺少的證明文件。報考者須中學畢業資格。報名表可向國際教育協會索取。

AT

全名 Achievement Test。特定學科測驗，香港亦譯爲學業成就測驗。一般要求考三科，其中必考科目爲英文，其他兩科可自由選擇。這個成績供入學後分班參考。它與 SAT 之區別是，SAT 測驗一般能力，AT 則測驗特定能力。

報名表可在國際教育協會索取。由於與 SAT 的考試日期相同，學生無法同時報考兩種。

ACT

全名 American College Test。考英文、數學、自然科學與社會科學。測試學生知識程度與處事能力。

ACT 成績與 SAT 一樣爲申請美國大學必要證件。ACT 成績好，可以彌補高中成績記錄的不良。報考者須中學畢業資格。1989年1月3日，“美國大學測驗中心”宣稱，ACT 測驗將於今年10

月起作第一度重大修改，重新設計試題，將於更廣泛的數學知識和較抽象的閱讀能力爲測驗的重點。也就是說，今年10月參加測驗的學生將面對完全不同的試題題目。

報名表可向香港國際學校索取。

GRE

全名Graduate Record Examination。此試分爲綜合測驗與科目測驗兩種。前者主要考學生的語言表達、測量與分析能力；後者主要考學生在個別科目中的程度。

報名表向國際教育協會索取。

GMAT

全名Graduate Management Admission Test。這是申請商業、會計、工管等碩士課程的考試。

報名表向國際教育協會索取。

MAT

全名Miller Analogies Test。

這是一種高級學能傾向測驗，主要測驗語言推理。此項考試成績對欲申請修讀心理學或教育課程者，尤有幫助。

欲報考人士，需個別去函美國的心理學組織，以辦理手續及安排特別的海外考試。

O Level

全名Ordinary Level簡稱O。普通程度試。香港中學會考（HKCE）C級或以上成績相當於O及格。

A Level

全名Advanced level。簡稱A。香港高級程度試（HKAL）和GCE/ JME/ O&E相當於此級。其中數理化生各科D級或以上成績，被視爲其之C級。

A與O爲英制成績，申請美國大學均不用此成績，但如果成績好，不妨一並呈交，相信不會被熟視無睹的。

香港留學諮詢服務機構

同學如欲往海外留學，有疑問時可向教育署屬下的海外留學生暨獎學金組查詢，該部門與各國領事館保持密切聯絡，對於海外升學的資料，如學校情況和教育制度等，均有詳盡和確實的參考文件。

本港並有多個團體可提供諮詢服務，且為免費，一般備有英、美、澳、加等各國數千間大學及理工學院的最新校刊和學校介紹資料，又具有各種參考書包括各國學制、選修科目、入學測驗和留學生活等，另又有各項公開試如 TOEFL， SAT， AT， ACT， GMAT， GRE 等的考試內容和考試日期等資料。

各機構及領事館名稱和地址電話如下：

香港考試局海外考試組
九龍新蒲崗十七號　3-280061

大學及理工教育資助委員會助學組
香港金鐘道六十七號金鐘政府合署地下　5-8622738

港府教育署學生輔導組
香港銅鑼灣希慎道利園大廈五樓　5-8392527

港府教育署海外留學生暨獎學金組
香港銅鑼灣希慎道利園大廈五樓　5-8392570

恒生銀行教育輔導組	
九龍窩打老道八十四號冠華園四樓	3-7156515
國際教育協會	
香港灣仔香港藝術中心十二樓	5-283251
香港國際學校	
香港淺水灣南灣坊六號	5-8122305
香港人民入境事務處海外簽證事務科	
九龍尖沙咀東部麼地道六十一號冠華中心地庫	3-7328333
學聯海外升學中心	
九龍尖沙咀星光行1127室	3-7303282
中華人民共和國外交部駐香港簽證辦事處	
香港灣仔港灣道廿六號華潤大厦低座五字樓	5-744163
美國領事館	
中環花園道廿六號	5-239011
校聯服務中心	
九龍尖沙咀星光行1525室	3-7300093
	3-732957

△**留學生醫療保險**

美國醫療收費十分昂貴，留學生應該購備醫療保險。美國大多數學校都有爲海外留學生提供綜合醫療保險計劃。一般收費爲每月200元左右。

綜合醫療保險包括醫生檢查、藥物、住院、手術、救護車、X光檢驗、化學室試驗等項目，但不包括牙醫、視力檢驗及配鏡服務。

△**留學生貸款**

赴美攻讀不像赴英攻讀可以向香港政府申請免息貸款。但香港一些銀行有提供「海外升學金」貸款。首創者爲香港渣打銀行。最高貸款可達20萬元。最高還款期爲8年。條件符合者，申請可於48小時內被接納。

△**香港校聯服務中心**

1979年創辦。爲有志升學之同學提供多項免費服務。校聯工作範圍包括：協助申請學校、海外升學講座、生活體驗計劃、暑期進修見聞遊、學生監護服務、派發各地大專院校聯合報名表格等等。地址爲九龍星光行1525室。電話3-7300093

△**留學生兼職問題**

美國政府嚴禁海外學生在校園外工作，如被發現，有被逐出境之虞。但可以申請在校園內工作。通常大學會提供一些兼職工作，如實驗室助理員、飯堂及圖書館工作等等。不過，初到美國第一年是很難獲校方安排工作的，因爲校方要先觀察學生一年之表現，才能確定其是有否能力擔任兼職，而不影響其學業成績。

△美國308間大學熱門學科一覽表

特點、科系 / 教育部認可之美國大學及學院	電機工程	電子工程	電子計算機	[illegible]						
ALABAMA（阿拉巴馬州）										
AUBURN UNIVERSITY MAIN CAMPUS Auburn University 36849	○		○		○	○	○	○	○	○
BIRMINGHAM SOUTHERN COLLEGE 800 Eighth Ave. W. Birmingham 35254			○				○	○	○	○
SPRING HILL COLLEGE 4307 Old Shell Rd., Mobile 36608			○				○	○	○	○
ARIZONA（阿里桑那州）										
UNIVERSITY OF ARIZONA Tucson 85721	○		○	○	○		○	○		
ARKANSAS（阿干薩斯州）										
HENDRIX COLLEGE Conway 72032								○	○	○
CALIFORNIA（加里福尼亞州）										
CALIFORNIA INSTITUTE OF THE ARTS 24700 Mcbean Pkwy., Valencia 91355										
CALIFORNIA INSTITUTE OF TECHNOLOGY 1201E. California Bivd., Pasadena 91125.	○		○		○					
CALIFORNIA POLYTECHNIC STATE UNIVERSITY SAN LUIS OBISPO San Luis Obispo 94307	○	○	○		○		○			

MONT MCKENNA COLLEGE aremont 91711			○	○				○	○	○
HARVEY MUDD COLLEGE Claremont 91711										
MILLS COLLEGE Oakland 94613			○						○	○
OCCIDENTAL COLLEGE 1600 Campus Rd., Los Angeles 90041.									○	○
PEPPERDINE UNIVERSITY 24255 Pacific Coest Mary., Madibu 90265			○				○	○		
PITZER COLLEGE Claremont 91711										
POMONA COLLEGE Claremont 91711										
SAN FRANCISCO CONSERVATORY OF MUSIC 1201 Ortega St., San Francisco 94122										
SCRIPPS COLLEGE Claremont 91711.										
STANFORD UNIVERSITY Stanford 94305	○				○					
THOMAS AQUINAS COLLEGE 10000 N. Ojai Rd., Santa Paula 93060								○		
UNIVERSITY OF CALIFORNIA, BERKELEY Berkeley 94720	○		○		○		○	○		
UNIVERSITY OF CALIFORNIA, DAVIS Davis 95616	○		○		○					

UNIVERSITY OF CALIFORNIA, IRVINE Irvine 92717	○		○	○	○					
UNIVERSITY OF CALIFORNIA, LOS ANGELES 405 Hilgard Ave, Los Angeles 90024	○		○							
UNIVERSITY OF CALIFORNIA, RIVERSIDE Riverside 92521			○				○			○
UNIVERSITY OF CALIFORNIA, SANTA BARBARA Santa Barbara 93106	○		○		○					
UNIVERSITY OF CALIFORNIA, SANTA CRUZ Santa Cruz 95064			○	○			○		○	
UNIVERSITY OF REDLANDS Redlands 92373	○		○		○		○	○	○	○
CONNECTICUT COLLEGE New London 06320										
FAIREFIELD UNIVERSITY Fairfield 06430			○				○	○		
TRINITY COLLEGE Hartford 06106			○							
UNITED STATES COAST GUARD ACADEMY New London 06320	○			○			○			
UNIVERSITY OF CONNECTICUT Storrs 06268	○		○		○		○	○	○	○
WESLEYAN UNIVERSITY Middietown 06457			○				○			
YALE UNIVERSITY New Haven 06520	○		○		○					

DELAWARE（特拉華州）										
UNIVERSITY OF DELAWARE Newark 19711	○		○		○		○	○	○	
DISTRICT OF COLUMBLA（哥倫比亞）										
AMERICA UNIVERSITY Massachusetts and Nebraska Aves, N.W. Washington 20016			○			○	○	○		
CATHOLIC UNIVERSITY OF AMERICA Fourth St. and Michigan Ave, N.E. Washington 20064	○		○		○		○	○	○	
GEORGE WASHINGTON UNIVERSITY Washington 20052	○		○	○	○	○	○	○	○	○
GEORGETOWN UNIVERSITY 37th and 0 Sts. N.W. Washington 20057			○			○	○	○	○	
HOWARD UNIVERSITY 2400 Sixth St., N.W. Washington 20059	○		○	○	○	○	○	○	○	
FLORIDA（佛羅里達州）										
FLORIDA INSTITUTE OF TECHINOLOGY 150W. University Blvd., Melbourne 32901	○	○	○		○		○	○	○	○
ROLLINS COLLEGE Winter Park 32789			○						○	○
FLORIDA STATE UNIVERSITY Tallahassee 32306	○	○	○		○	○	○	○	○	○
UNIVERSITY OF FLORIDA Gainesville 32611	○		○		○		○	○		

STETSON UNIVERSITY P.O. Box 8358. Deland 32720			○				○	○	○	○
UNIVERSITY OF MIAMI Coral Gables 33124	○		○	○	○	○	○	○	○	○
GEORGIA (喬治亞州)										
AGNES SCOTT COLLEGE Decatur 30030										
EMORY UNIVERSITY Atlanta 30322			○				○	○		
GEORGIA INSTITUTE OF TECHINOLOGY 225 North Ave. N.W. Atlanta 30332	○		○	○	○		○			
UNIVERSITY OF GEORGIA Athens 30602			○			○	○	○	○	○
OGLETHORPE UNIVERSITY 4484 Peachtree Rd., N.E. Atlanta 30319			○				○	○	○	○
SPELMAN COLLEGE 350 Spelman Lane, S.W., Atlanta 30314			○						○	○
ILLINOIS (伊利諾州)										
AUGUSTANA COLLEGE Rock Island 61201			○			○	○	○	○	○
BRADLEY UNIVERSITY Peoria 61625	○		○	○	○		○	○	○	○
COLLEGE OF ST. FRANCIS Joliet 60435			○				○	○		

DEPAUL UNIVERSITY 25E. Jackson Blvd., Chicago 60604	○	○	○	○		○	○	○	○	○
ILLINOIS INSTITUTE OF TECHNOLOGY 3300 S. Federal St., Chicago 60616	○		○	○	○		○	○	○	○
ILLINOIS WESLEYAN UNIVERSITY P.O. Box 2900, Bloomington 61701							○	○	○	○
KNOX COLLEGE Galesburg 61401			○							
LAKE FOREST COLLEGE Lake Forest 60045			○				○			
NORTHWESTERN UNIVERSITY Evanston 60201	○		○		○		○		○	
UNIVERSITY OF CHICAGO 5801 S. Ellis Ave., Chicago 60637										
UNIVERSITY OF ILLINOIS AT URBANA-CHAMPAIGN Urbana 61801	○		○		○		○	○		○
WHEATON COLLEGE Wheaton 60187			○							
INDLANA (印第安納州)										
DEPAUW UNIVERSITY Greencastle 46135			○			○	○		○	○
EARLHAM COLLEGE Richmond 47374			○				○		○	○
PURDUE UNIVERSITY West Lafayette 47907	○	○	○	○	○		○	○	○	○

ROSE-HULMAN INSTITUTE OF TECHNOLOGY 5500 Wabash Ave., Terre Haute 47803	○		○		○					
UNIVERSITY OF NOTRE DAME Notre Dame 46556	○				○		○	○	○	
VALPARAISO UNIVERSITY Valparaiso 46383	○		○	○	○		○	○	○	○
WABASH COLLEGE Crawfordsville 47933									○	○
IOWA（愛荷華州）										
CENTRAL UNIVERSITY OF IOWA Pella 50219			○				○	○	○	○
COE COLLEGE 1220 First Ave., Cedar Rapids 52402			○				○	○	○	○
CORNELL COLLEGE Mount Vernon 52314			○			○	○		○	○
GRINNELL COLLEGE Grinnell 50112			○						○	○
IOWA STATE UNIVERSITY Ames 50011	○		○		○		○	○	○	○
LORAS COLLEGE Dubuque 52001			○				○	○	○	○
LUTHER COLLEGE Decorah 52101			○			○	○	○	○	○
UNIVERSITY OF IOWA Iowa City 52242	○		○		○		○	○	○	○

UNIVERSITY OF NORTHERN IOWA Cedar Falls 500614	○	○	○	○	○		○	○	○	○
WARTBURG COLLEGE Waverly 50677			○	○			○	○	○	○
KANSAS（坎薩斯州）										
UNIVERSITY OF KANSAS Lawrence 66045	○		○		○		○	○		
KENTUCKY（坎塔基州）										
CENTRE COLLEGE OF KENTUCKY Danville 40422							○		○	○
TRANSYLVANIA UNIVERSITY 300 N. Broadway, Lexington 40508			○				○	○	○	○
LOUISIANA（路易斯安娜州）										
CENTENARY COLLEGE OF LOUISIANA P.O. Box 4188, Shreveport 71104			○				○	○	○	○
TULANE UNIVERSITY New Orleans 70118	○		○	○	○		○			
MAINE（緬因州）										
BATES COLLEGE Lewiston 04240										
BOWDOIN COLLEGE Brunswick 04011			○							
COLBY COLLEGE Waterville 04901							○			

MARYLAND (馬里蘭州)										
JOHNS HOPKINS UNIVERSITY Baltimore 21218	○		○		○					
LOYOLA COLLEGE 4501 N. Charles St., Baltimore 21210			○				○	○	○	
ST. JOHN'S COLLEGE Annapolis 21404										
UNITED STATES NAVAL ACADEMY Annapolis 21402	○		○					○		
UNIVERSITY OF MARYLAND AT COLLEGE PARK College Park 20742	○		○		○		○	○	○	○
WASHINGTON COLLEGE Chestertown 21620			○				○		○	○
MASSACHUSETTS (麻薩諸塞州)										
AMHERST COLLEGE Amherst 01002										
BABSON COLLEGE Babson Park 02157				○			○	○		
BOSTON COLLEGE Chestnut Hill 02167			○				○	○	○	○
BOSTON CONSERVATORY Boston 02215										
BOSTON UNIVERSITY Boston 02215	○		○	○	○	○	○	○	○	○

BRANDEIS UNIVERSITY Waltham 02154			○							
CLARK UNIVERSITY Worcester 01610			○				○		○	○
COLLEGE OF THE HOLY CROSS Worcester 01610								○		
HAMPSHIRE COLLEGE Amherst 01002			○						○	○
HARVARD UNIVERSITY Cambridge 02138		○	○		○		○			
MASSACHUSETTS COLLEGE OF ART Boston 02215										
UNIVERSITY OF LOWELL Lowell 01854	○	○	○	○	○		○			
MASSACHUSETTS INSTITUTE OF TECHNOLOGY Cambridge 02139	○			○	○	○		○	○	○
MOUNT HOLYOKE COLLEGE South Hadley 01075										
NEW ENGLAND CONSERVATORY OF MUSIC Boston 02115										
ST. HYACINTH COLLEGE AND SEMINARY Granby 01033										
SIMON'S ROCK OF BARD COLLEGE Great Barrington 01230									○	
SMITH COLLEGE Northhampton 01063			○						○	○

TUFTS UNIVERSITY Medford 02155	○		○		○					
WELLESLEY COLLEGE Wellesley 02181			○						○	○
WESTON SCHOOL OF THEOLOGY Cambridge 02138										
WILLIAMS COLLEGE Williamstown 01267			○							
WORCESTER POLYTECHNIC INSTITUTE Worcester 01609	○	○	○	○	○		○		○	○
MICHIGAN (密芝根州)										
ALBION COLLEGE Albion 49224							○		○	○
ALMA COLLEGE Alma 48801			○	○		○	○	○	○	○
GMI ENGINEERING AND MANAGEMENT INSTITUTE 1700 W. 3rd Ave., Flint 48502	○				○					
HOPE COLLEGE Holland 49423			○				○		○	○
KALAMAZOO COLLEGE Kalamazoo 49007			○				○		○	
MICHIGAN STATE UNIVERSITY East Lansing 48824	○		○		○		○	○		○
MICHIGAN TECHNOLOGICAL UNIVERSITY Houghton 49931	○	○	○	○	○		○	○	○	○

UNIVERSITY OF DETROIT 4001 W. McNichois Rd., Detroit 48221	○		○				○	○	○	
UNIVERSITY OF MICHIGAN-ANN ARBOR Ann Arbor 48109	○		○		○		○	○	○	○
UNIVERSITY OF MICHIGAN-DEARBORN Dearborn 48128	○		○	○	○		○		○	○
MINNESOTA（明尼蘇達州）										
CARLETON COLLEGE Northfield 55057									○	○
COLLEGE OF ST. THOMAS 2115 Summit Ave., St. Paul 55105			○				○	○		
CONCORDIA COLLEGE Moorhead 56560			○				○	○	○	○
GUSTAVUS ADOLPHUS COLLEGE St. Peter 56082			○			○	○	○	○	○
HAMLINE UNIVERSITY 1536 Hewitt Ave. St. Paul 55104						○	○		○	○
MACALESTER COLLEGE St. Paul 55105			○						○	
SAINT JOHN'S UNIVERSITY Collegeville 56321			○				○	○	○	○
SAINT MARY'S COLLEGE Winona 55987			○	○			○	○	○	○
ST. OLAF COLLEGE Northfield 55057			○						○	○

UNITED THEOLOGICAL SEMINARY OF THE TWIN CITIES/New Brighton 55112					○					
UNIVERSITY OF MINNESOTA-MORRIS Morris 56267			○						○	○
MISSISSIPPI（密西西比州）										
MILLSAPS COLLEGE Jackson 39210			○				○	○		○
MISSOURI（密蘇里州）										
DRURY COLLEGE Springfield 65802				○		○	○	○	○	○
NORTHEAST MISSOURI STATE UNIVERSITY Kirksville 63501	○	○	○				○	○		○
ROCKHURST COLLEGE 5225 Troost Ave., Kansas City 64110			○	○			○	○	○	○
ST. LOUIS COLLEGE OF PHARMACY 4588 Parkview Pl., St. Louis 63110										
ST. LOUIS CONSERVATORY OF MUSIC 560 Trifuty Ave., St. Louis 63130										
SAINT LOUIS UNIVERSITY 221 N. Grand Bivd., St. Louis 63103			○				○	○	○	○
UNIVERSITY OF MISSOURI-COLUMBIA Columbia 65211	○		○		○		○	○	○	
UNIVERSITY OF MISSOURI-KANSAS CITY 5100 Rockhill Rd., Kansas City 64110	○		○		○		○	○	○	○

UNIVERSITY OF MISSOURI-ROLLA Rolla 65401		○		○		○				
WASHINGTON UNIVERSITY St. Louis 63130			○		○		○	○	○	○
WILLIAM JEWELL COLLEGE Liberty 64068			○				○	○	○	○
NEBRASKA（内布拉斯加）										
CREIGHTON UNIVERSITY 2500 California St., Omaha 68178			○				○	○		
NEW HAMPSHIRE（新罕普錫州）										
DARTMOUTH COLLEGE Hanover 03755			○							
UNIVERSITY OF NEW HAMPSHIRE Durham 03824	○		○		○		○			
NEW JERSEY（新澤西州）										
DREW UNIVERSITY Nadison 07940			○							
NEW JERSEY INSTITUTE OF TECHNOLOGY 323 High St., Newark 07102	○		○		○					
PRINCETON UNIVERSITY Princetion 08544	○		○		○					
STEVENS INSTITUTE OF TECHNOLOGY Hoboken 07030	○		○		○		○			
NEW MEXICO（新墨西哥州）										

NEW MEXICO INSTITUTE OF MINING AND TECHNOLOGY Socorro 87801			○							
ST. JOHN'S COLLEGE Sants Fe 87501										
NEW YORK (紐約州)										
ALFRED UNIVERSITY Alfred 14802	○		○		○	○	○	○	○	○
BARD COLLEGE Annandale-on-Hudson 12504									○	○
CANISIUS COLLEGE 2001 Main St., Buffalo 14208			○				○		○	
BERNARD M. BARUCH COLLEGE 17 Lexington Ave., New York 10010			○			○	○	○		
CLARKSON UNIVERSITY Potsdam 13676	○		○		○		○	○		
COLGATE UNIVERSITY Hamilton 13346			○	○					○	○
COLLEGE OF INSURANCE 123 William St., New York 10038				○				○		
COLUMBLA UNIVERSITY 116th and Boradway, New York 10027	○		○		○					
COOPER UNION Cooper Square, New York 10003	○				○					
CORNELL UNIVERSITY Ithaca 14853	○		○		○		○			

FASHION INSTITUTE OF TECHNOLOGY 227 W. 27th St., New York 10001										
FORDHAM UNIVERSITY Fordham Rd., Bronx 10458, and at Lincoln Center, New York 10023			○	○				○	○	○
HAMILTON COLLEGE Clinton 13323			○							
HOUGHTON COLLEGE Houghton 14744			○				○		○	○
LE MOYNE COLLEGE Le Moyne Heights, Syracuse 13214			○				○	○	○	○
MANHATTAN COLLEGE Riverd ale, Bronx 10471	○		○		○		○	○	○	○
MANHATTAN SCHOOL OF MUSIC 120 Claremont Ave., New York 10027										
MANHATTAN VILLE COLLEGE Purchase 10577			○				○			○
MANNES COLLEGE OF MUSIC 150 W. 85th St., New York 10024										
NEW SCHOOL FOR SOCIAL RESEARCH 66 W. 12th St., New York 10011			○							
PARSONS SCHOOL OF DESIGN 66 W. 12th St., New York 10011										
NEW YORK UNIVERSITY Washington Square New York 10012	○		○	○	○	○	○	○	○	○
POLYTECHNIC INSTITUTE OF NEW YORK 333 Jay St., Brooklyn 11201	○		○	○	○					

RENSSELAER POLYTECHNIC INSTITUTE Troy 12181	○		○		○				○	○
ROCHESTER INSTITUTE OF TECHNOLOGY One Lomb Dr., Rochester 14623	○	○	○	○	○		○	○	○	○
ST. LAWRENCE UNIVERSITY Canton 13617			○							
SARAH LAWRENCE COLLEGE Bronxville 10708			○						○	
SCHOOL OF VISUAL ARTS 209 E. 23rd St. New York 10010										
SIENA COLLEGE Loudonvilie 12211			○				○	○		
SKIDMORE COLLEGE Saratoga Springs 12866							○			
STATE UNIVERSITY OF NEW YORK ALBANY 1400 Washington Ave., Albany 12222			○				○	○		
STATE UNIVERSITY OF NEW YORK AT BINGHAMTON Binghamton 13901	○	○	○	○	○		○	○	○	
STATE UNIVERSITY OF NEW YORK AT BUFFALO Amherst 14260	○		○	○	○		○	○	○	○
STATE UNIVERSITY OF NEW YORK AT STONY BROOK Stony brook 11794	○		○		○		○			
SYRACUSE UNIVERSITY Syracuse 13210	○		○	○	○		○	○	○	○

UNION COLLEGE Schenectady 12308	○		○		○				○	○
UNITED STATES MERCHANT MARINE ACADEMY Kings Point 11024										
UNITED STATE MILITARY ACADEMY West Point 10996	○		○		○		○		○	
UNIVERSITY OF ROCHESTER River Blvd., Rochester 14627	○		○		○					
VASSAR COLLEGE Poughkeepsie 12601			○							
WEBB INSTITUTE OF NAVAL ARCHITECTURE Glen Cove 11542										
WELLS COLLEGE Aurora 13026			○							
YESHIVA UNIVERSITY 500 W. 185th St., New York 10033			○				○	○	○	○
NORTH CAROLINA（北卡羅連納州）										
DAVIDSON COLLEGE Davidison 28036									○	
DUKE UNIVERSITY Durham 27706	○		○		○					
NORTH CAROLINA SCHOOL OF THE ARTS Winston-Salem 27107										

NORTH CAROLINA STATE UNIVERSITY AT RALEIGH P.O. Box 5096, Raleigh 27650	○		○		○		○	○	○	
UNIVERSITY OF NORTH CAROLINA AT CHAPEL HILL Chapel Hill 27514							○	○		
WAKE FOREST UNIVERSITY Winston Salem 27109							○	○	○	○
NORTH DAKOTA (北達科達州)										
NORTH DAKOTA STATE UNIVERSITY Fargo 58105	○	○	○		○		○	○		
UNIVERSITY OF NORTH DAKOTA Grand Forks 58202	○		○		○		○	○	○	
OHIO (俄亥俄州)										
ART ACADEMY OF CINCINNATI Eden Park, Cincinnati 45202										
CASE WESTERN RESERVE UNIVERSITY 2040 Adelbert, Cleveland 44706	○		○		○		○	○	○	○
CLEVELAND INSTITUTE OF ART Cleveland 44106										
CLEVELAND INSTITUTE OF MUSIC Cleveland 44106										
COLLEGE OF WOOSTER Wooster 44691			○						○	○
DENISON UNIVERSITY Granville 43023			○						○	○

JOHN CARROLL UNIVERSITY University Heights, Cleveland 44118	○	○	○				○	○	○	○
KENYON COLLEGE Gambier 43022									○	○
MARIETTA COLLEGE Marietta 45750			○	○		○	○	○	○	○
MIAMI UNIVERSITY Oxford 45056							○	○		
OBERLIN COLLEGE Oberlin 44074										
OHIO NORTHERN UNIVERSITY Ada 45810	○		○		○		○	○	○	○
UNIVERSITY OF CINCINNATI-MAIN CAMPUS Cincinnati 45221	○	○	○	○	○	○	○	○	○	○
UNIVERSITY OF DAYTON 300 College Park Ave., Dayton 45469	○	○	○		○		○	○	○	○
WITTENBERG UNIVERSITY Springfield 45501			○			○	○	○	○	○
XAVIER UNIVERSITY Dana Ave., and Victoria Pkwy., Cincinnati 45207			○	○			○	○	○	○
OKLAHOMA（奧克拉荷馬州）										
PHILLIPS UNIVERSITY Enid 73701			○				○	○	○	○
UNIVERSITY OF TULSA 600 S. College, Tulsa 74104	○		○	○	○		○	○		

OREGON（俄勒崗州）										
LEWIS AND CLARK COLLEGE 0615 S. W. Palatine Hill Rd., Portland 97219			○				○		○	○
REED COLLEGE 3203 S.E. Woodstock Blvd, Portland 97202										
WILLIAMETTE UNIVERSITY Salem 97301			○						○	○
PENNSYLVANIA（賓夕凡尼亞州）										
ALBRIGHT COLLEGE Reading 19604			○				○	○		
ALLEGHENY COLLEGE Meadville 16335			○						○	○
BRYN MAWR COLLEGE Bryn Mawr 19010									○	
BUCKNELL UNIVERSITY Lewisburg 17837	○		○		○		○	○		
CARNEGIE-MELLON UNIVERSITY 5000 Forbes Ave., Pittsburgh 15213	○	○	○	○	○		○	○	○	○
COMBS COLLEGE OF MUSIC 464 S. Roberts Rd., Bryn Mawr 19010										
THE CURTIS INSTITUTE OF MUSIC 1726 Locust St. Philadelphia 19103										
DICKINSON COLLEGE Carlisle 17013			○							

DREXEL UNIVERSITY 32nd and Chestnut Sts., Philadelphia 19104	○		○	○	○		○	○		
FRANKLIN AND MARSHALLCOLLEGE 440 College Ave., Lancaster 17604							○			
GETTYSBURG COLLEGE Gettysburg 17325							○			○
GROVE CITY COLLEGE Grove City 16127	○		○		○	○	○	○	○	○
HAVERFORD COLLEGE Haverford 19041										
JUNIATA COLLEGE 1700 Moore St., Huntingdon 16652			○				○	○		○
LAFAYETTE COLLEGE Easton 18042	○		○		○					
LA SALLE UNIVERSITY Olney Ave., at 20th St., Philadelphia 19141			○				○	○	○	○
LEHIGH UNIVERSITY Bethelehem 18015	○	○	○	○	○		○	○	○	○
MESSIAH COLLEGE Grantham 17027			○	○			○	○	○	○
MUHLENBERG COLLEGE Allentown 18104			○	○			○	○	○	○
UNIVERSITY PART CAMPUS University Park 16802								○	○	○
PHILADELPHIA COLLEGE OF ART Broad and Spruce Sts., Philadelphia 19102										

PHILADELPHIA COLLEGE OF PHARMACY AND SCIENCE 43rd St. and Kingsessing Ave., Philadelphia 19104										
ST. JOSEPH'S UNIVERSITY 5600 City Ave., Philadelphia 19131			○	○			○	○	○	○
SWARTHMORE COLLEGE Swarthmore 19081	○				○					
UNIVERSITY OF PENNSYLVANLA Philadelphia 19104	○		○		○	○	○	○	○	○
UNIVERSITY OF PITTSBURGH Fifth and Bigelow Sts., Pittsburgh 15260	○		○	○	○		○	○		
UNIVERSITY OF PITTSBURGH AT JOHNSTOWN Johnstown 15904			○		○		○	○	○	○
URSINUS COLLEGE Collegeville 19426							○	○	○	○
VILLANOVA UNIVERSITY Villanova 19085	○		○		○		○	○	○	○
WASHINGTON AND JEFFERSON COLLEGE Washington 15301			○				○	○	○	○
RHODE ISLAND（羅德艾蘭州）										
BROWN UNIVERSITY Providence 02912	○		○		○					
PROVIDENCE COLLEGE Providence 02918			○				○	○		
RHODE ISLAND SCHOOL OF DESIGN Providence 02903										

SOUTH CAROLINA (南卡羅連納州)										
FURMAN UNIVERSITY Poinsett Hwy., Creenvile 29613			○				○			
SOUTH DAKOTA (南達科達州)										
AUGUSTANA COLLEGE Sioux Falls 57197			○				○	○	○	○
SOUTH DAKOTA SCHOOL OF MINES AND TECHNOLOGY Rapid City 57701	○		○		○					
TENNESSEE (田納西州)										
CHRISTIAN BROTHERS COLLEGE 650 E. Parkway, S., Memphis 38104	○		○		○		○	○	○	
RHODES COLLEGE 2000 N. Parkway, Memphis 38112			○				○			
UNIVERSITY OF THE SOUTH Sewance 37375										○
VANDERBILT UNIVERSITY 21 st Ave., and West End, Nashville 37240	○		○		○		○			
TEXAS (德克薩斯州)										
AUSTIN COLLEGE Sherman 75090			○				○		○	○
BAYLOR UNIVERSITY Waoo 76798	○	○	○	○	○	○	○	○		○
LETOURNEAU COLLEGE P.O. Box 7001, Longview 75607	○		○		○		○	○	○	○

RICE UNIVERSITY P.O. Box 1892, Houston 77251	○		○		○		○			
SOUTHERN METHODIST UNIVERSITY Dallas 75275	○		○		○		○		○	○
SOUTHWESTERN UNIVERSITY Georgetown 78626			○				○	○	○	○
TEXAS A & M UNIVERSITY College Station 77843	○		○		○		○			
TEXAS CHRISTIAN UNIVERSITY University Dr., Fort Worth 76129			○				○	○	○	○
TRINITY UNIVERSITY 715 Stadium Dr., San Antonio 78284			○	○			○		○	○
UNIVERSITY OF DALLAS University Sta, Irving 75061									○	○
UNIVERSITY OF TEXAS AT AUSTIN University Sta, Austin 78712	○		○		○	○	○	○	○	○
UTAH（猶他州）										
BRIGHAM YOUNG UNIVERSITY Provo 84602	○	○	○	○	○		○	○	○	○
VERMONT（佛特蒙州）										
BENNINGTON COLLEGE Bennington 05201			○						○	○
MARLBORO COLLEGE Marlboro 05344			○						○	○
MIDDLEBURY COLLEGE Middlebury 05753									○	○

UNIVERSITY OF VERMONT Burlington 05405	○		○		○		○	○	○	○
VIRGINIA (維珍尼亞州)										
COLLEGE OF WILLIAM AND MARY IN VIRGINIA Williamsburg 23185			○				○	○		
HAMPDEN-SYDNEY COLLEGE Hampden-Sydney 23943			○				○			
RANDOLPH-MACON WOMAN'S COLLEGE Lynchburg 24503									○	
UNIVERSITY OF RICHMOND Richmond 23173			○				○	○		
UNIVERSITY OF VIRGINIA Central Office, Charlottesville 22903	○		○	○	○		○	○		
VIRGINIA MILITARY INSTITUTE Lexington 24450	○				○					
VIRGINIA POLYTECHNIC INSTITUTE AND STATE UNIVERSITY Blacksburgy 24061	○		○		○		○	○	○	○
WASHINGTON AND LEE UNIVERSITY Lexington 24450			○				○	○	○	○
WASHINGTON (華盛頓州)										
PACIFIC LUTHERAN UNIVERSITY Tacoma 98447			○				○	○	○	○
UNIVERSITY OF PUGET SOUND Tacoma 98416			○				○	○	○	○

UNIVERSITY OF WASHINGTON Seattle 98195	○		○		○		○	○	○	○
WHITMAN COLLEGE Walla Walla 99362			○						○	○
WEST VIRGINIA（西維珍尼亞州）										
SHEPHERD COLLEGE Shepherdstown 25443	○	○	○	○			○	○	○	○
WISCONSIN（維斯康辛州）										
BELOIT COLLEGE Beloit 53511			○			○	○		○	○
CARROLL COLLEGE Waukesha 53186			○	○			○	○	○	○
LAWRENCE UNIVERSITY Appleton 54912			○						○	○
MARQUETTE UNIVERSITY 615 N. 11th St., Milwaukee 53233	○		○		○		○	○	○	○
MILWAUKEE SCHOOL OF ENGINEERING P.O. Box 644, Milwaukee 53201	○		○		○		○			
RIPON COLLEGE Ripon 54971			○				○			○
UNIVERSITY OF WISCONSIN-MADISON Madison 53706	○		○		○		○	○	○	○
UNIVERSITY OF WISCONSIN-MILWAUKEE Milwaukee 53201	○		○	○	○		○	○	○	○

八、生活禮儀

△結　婚

美國人認為結婚是兩個人的愛情結果。多次約會後，若兩人有結婚誓約，男性會送戒指給女性。尤其是結婚當日，新郎新娘互換戒指的情況很多。

結婚雙方必須有結婚許可證（Marrige License）。這種許可證的規定各州有些不同。申請許可證一般需要以下文件：

①申請書上附 2 人的健康證明。

②血液檢查證明（Blood test）。

△結婚形式

一般有兩種形式，一為宗教性的，在教會舉行，另一在市政所舉行。

在市政所舉行的婚禮非常簡單，費用也便宜。由治安判事（Ajustice of peace）主持。

不過，多數人在教會舉行婚禮。儀式各宗教各有不同，大致有下列幾種：

①耶穌教　儀式在祭壇前舉行。牧師面向結婚雙方及出席來賓而站，以有關結婚的說教開始。然後，結婚雙方宣誓，要互相愛護、尊敬對方，直至死亡。接着新郎贈送戒指給新娘，最後牧師宣佈兩人成為夫妻。

儀式結束後，一雙新人離開式場，出席者在後面相隨。其後大家在教堂門外（冬天在教堂裏）等待婚宴開始。

習慣上，在新人步出教堂、乘車赴宴會場之前，出席者會一起向新郎新娘，紛撒慶祝結婚的米粒。這個儀式具有古老的意義。米粒是種子之代表，具有祝願新娘多子，家族繁榮之意。

兩人之車出發後，出席者也乘車相隨向婚宴會場進發。會場可以是借用酒店的專用會場，也可以是新娘的家。如果教堂有此設備，也可以利用。

婚宴不是儀式，是朋友、親戚爲新郎新娘出門快樂地祝賀，如果沒有儀式次序，連上司講話也沒有。大家邊喝邊跳舞，十分熱鬧、歡樂。飲食主要是自助餐形式，也有的用雞尾酒會形式。

婚禮與婚宴費用也有男方女方各自負擔一半的情況，但通常是由女方全部支付。至於蜜月旅行的費用一般是由男方負擔。

②天主教　儀式基本上與耶穌教沒有大的差異。所不同的是，天主教不能在四旬齋、待降節期間舉行婚禮。

結婚的男女不必一定同屬一個教區。大家不同教區時，一般在女方所屬教區舉行。舉行儀式前夕，雙方必須有接受洗禮的「受洗證明書」，同時必須有兩人以上的天主教徒作見證。最後，神父給新人灑聖水（Holy Water）祝福。

③猶太教　新郎新娘當天要戒食。婚禮要站在天蓋（Chupah，新婚房子之象徵）下舉行。誓詞前後，聖職者都要給新郎新娘婚禮之杯。讀完結婚誓詞（Ketubah）後，以「摩西與以色列之法」爲基礎宣誓結婚。第二次給杯儀式後，新郎把杯丟擲到脚下打碎，宣誓在歡樂中不忘失國之悲痛。

△赴婚禮服裝

參加婚禮時，只要是華美的服裝，任何樣式都不拘。男性是襯衫領呔，女性是襯衫或一件頭。由於主角始終是新郎新娘，因此，親友的服裝不能搶他們的鏡頭。

△結婚禮物

常見的結婚禮物是銀器類、套裝咖啡杯、沙律碗等家庭用品。關係親密者可以直接詢問對方想要什麼，可送至儀式場所，或送到他們家中。

△葬　禮

家中有人死亡，家人要聯絡殯儀館。殯儀館叫 Funeral home，負責埋葬或葬禮工作的人叫 Funeral director。此人會把屍體用藥物防腐，防止死者之疾病傳染給送葬者。此外，他還會根據家屬要求到市政所要求開出埋葬許可書，並聯絡牧師，安排葬禮程序。大部分的殯儀館都準備有禮拜堂，適合安放各種棺材的房間、靈車、轎車（約20人乘用）。葬禮在殯儀館或在教堂舉行。也有的家庭不用宗教儀式，只在自己家中舉行。

殯儀館工作人員除了做上述工作外，還會給悲傷的家屬以各種忠告，並會幫忙辦理各種手續。如與保險公司、各種社會保障機關等交涉的手續。

死亡第一夜，家族與親友集中，爲死者守靈（Wake）。場所可以是殯儀館，也可以在死者家中。第二天則爲親友送別。這時候，要把死者化裝好放在棺材中並圍以美麗花朵。家族接受弔唁者之慰問。弔唁者一般在這幾天送香奠（一般是 3 ～ 5 美元）。

有土葬與火葬兩種。根據家屬意見和宗教決定。參加者僅限於家屬及極少數親友。

一般沒有服喪習慣，有的話也不過一星期左右。

△賀人生子

美國有爲即將出生的孩子開派對之習慣。一般由產婦的親密朋友或親戚舉行。這種派對稱爲送禮派對（ Shower party 或稱 Baby Shower ）。

派對策劃者準備飲品及點心，參加者則準備禮物送給即將出生的孩子。由於孩子未出生，禮物如是衣類的話，最好是黃色或白色等男女均可穿着之顏色。孩子出生後，若是男孩，父親會送烟卷給朋友與工作同事，烟上大抵會印有 It is a boy 之字。若是女孩就送糖果。此外還要給親戚、朋友等寄送出生卡，上寫孩子的名字、出生時日以及體重等等。

接到出生卡時，如果還未送禮物，可郵寄衣類或玩具，上面附上祝賀卡。如果受邀參加母親出院後舉行的慶祝派對，也可在這時帶去。

美國的習慣，贈送禮物時必須有禮物卡。市面上有各種卡出售，可以選購。卡上要簽上自己名字。選卡時要注意卡上的詞彙是否適合對方。這是十分重要的。一般的禮物在10美元左右。

△探　病

去醫院探病，應事前調查醫院的探病時間（ Visiting hour ）。還有，探望產婦時，16歲以下孩子不能帶去，探其他病人，則限在12歲以上。若非帶不可，可安排在醫院的接待室等候。

探病人數一般限制在 2 ～ 3 人。醫院病房內禁止吸烟。携帶物品一般是花。如要帶水果點心，應事先徵求醫生或護士的同意。

△美國式派對

對美國人來說，派對是一種潤滑油。無論大人小孩都喜歡。下面介紹四條派對守則。

①派對後回家要寫感謝信。對美國人來說，可以忘記帶土產、禮物，也不可忘記寫感謝信。

②不要把派對當作日常話題。

無論是邀人還是受邀的場合，有哪些人來只有主人和女主人知道。這麼說是因為男女主人雖然都想客人越多越好，但限於各種條件，肯定都不能把全部客人請來。也就是說肯定有的人沒有被邀請。因此，被邀請的人不要得意地到處說，以免造成沒有受邀的人不快與誤會。為此，不要把招待誰，誰來了等等派對話題作為日常話題。

③被邀請後要邀請還禮

對數十人的大型派對，沒有邀請回禮的必要，但對10人左右或以下的小型派對，原則上邀請回禮是一種禮儀。

④要準時

派對時間決定以後，應準時前往，當然也不能遲到，過早過遲都會造成干擾，令人不快。這是一種禮儀，應予注意。

△生日派對（ Birthday party ）

大人的場合

一般取 dinner party 形式。人數如超過20人，多採取自助餐形式。出席者男穿襯衫領呔，女穿盛裝。

孩子的場合

從 2 、 3 歲的幼兒開始。有的在學校，有的餐廳，有的在家裏進行。

① 6 、 7 歲前，把朋友叫到家裏開。受邀時父母要回覆表態去或不去。因孩子小，故都是通過父母聯絡。時間一般是午餐或下午 3 時之茶點。父母要把孩

子送到舉行派對的家庭。結束時，舉辦一方要把孩子送到門口交給其家長。招待一方要準備生日蛋糕、果汁、炸薯條等。午餐的話要加細麵條或意大利薄餅或漢堡飽其中一樣。如能每個小孩給一小袋糖果或汽球的禮物更好。餐後準備幾個遊戲。

②小學高年級或中學生多數借餐廳來用。一般預算給每人 3 美元的飲食與禮物。如果父母也參加的話，父母份的點菜，各自付款。

③幼兒園、褓姆學校、小學低年級可以在學校開生日派對。母親把杯形餅及果汁送至負責先生處。利用小吃時間開。因爲要配合教師的情況，故必須事先與教師聯繫。

△禮儀基本法

美國是一個多人種的國家。各民族各人種都有自己的一套風俗習慣，很難一言概之。這裏介紹的只是一般的習慣與禮儀。

①美國人的舉止比較隨和，不拘小節，最普通的問候方式是「握手」、「微笑」，常用的語言是「嗨！很高興見到你。」（ Hi! I'm pleased to meet you. ）

擁抱的方式只限於自己家人或老朋友。

此外，若女方主動吻你的臉孔，男方不妨作相同回禮，但千萬別自己主動。

②若需拜訪朋友家，應事先預約，徵得同意才去。即使是親戚，也要注意。突然的登門拜訪會被視爲打擾私人生活。

普通拜訪不一定要携帶禮物。但如果要過夜，最好帶點小禮物。

③美國是一個 Lady First 的國家。進出公衆場合、酒店、餐館、寫字樓等大門，乘降電梯、巴士等

等都要注意讓女性優先。

④在朋友家裏若需上洗手間或掛電話，應事先徵求同意。美國長途電話收費昂貴，若必須掛長途電話，事後應注意付款。

⑤美國人視與朋友相聚閒聊為一樂趣。話題多是運動，職業以及國內大事。美國人不喜歡轉彎抹角說話，貴誠懇老實。

但是，也並不是什麼話都可以說，比如問成年人的年齡、體重、婚姻、薪水、財產等，都是不禮貌的。

此外，美國人以自己國家的成就為傲。他們偶而也會批評國家的缺點，却不喜歡外國人議論或批評美國國是。

⑥美國是個宗教信仰的國家，應該尊重各人的宗教信仰。

⑦應邀參加家庭餐會或私人派對時，要準時（規定時間前 5 分鐘至後10分鐘之間到達是為準時）。穿着服裝要根據餐會性質。美國人一般衣着隨便，但正式場合却是非常認眞。

⑧美國人雖然離婚情況也很普遍，但也十分重視家庭。最基本的社交是夫妻一同招待客人及被招待。

中國人請客，菜餚繁多，以吃不完之多的程度為敬，美國人則不同。飯菜簡單，夠吃為限。因為他們將餐宴、派對的第一樂趣視為相聚，而不是吃喝。

⑨美國地方遼闊，各大地域有時差。比如三藩市是晚上12時，波士頓已是午夜 3 時。因此，給朋友掛電話時，要考慮時差，不要造成干擾。

⑩美國人崇尚獨立自由。對他們或他們的孩子的行為少發表意見為宜。特別是一些年紀大的人更不要

以中國人的傳統習俗來要求年輕一代。年輕一代的口頭禪是"做你自己的事（ Do your own thing ）""假如你覺得好就做吧（ If it feels good, do it ）"。

△貼　士

美國是一個有貼士制度的國家。在這裏，貼士被認爲是對好的服務（ good service ）的一種「感謝」。根據 Tippers International 等團體的說法，良好的服務貼士可爲30%，而惡劣的服務則可以分毫不給。

接受貼士的人一般爲餐館侍應，理髮店洗頭、剪髮、吹髮、修磨指甲等等各人，以及的士司機、站在酒店門外的開門服務員，美術館、電影院、劇場等衣帽間的服務員和在厠所遞毛巾、厠紙的人等等。

一般來說，給餐館侍應、理髮店各人的貼士爲10～15%，其他則酌情給一點即可。

美國東部一些城市，政府將侍應的桌上貼士視爲所得稅來源之一。因此，我們必須入鄉隨俗，餐畢記得留些桌上貼士，不然的話，可能會被視爲「剝削他人」而飽以老拳一番呢。

△不要貼士的人

對百貨商店或商店的售貨員、劇場、電影院、歌劇院等的帶位員、博物館的檢查員、超級市場的送貨員、油站的工作人員、航空公司或火車站的工作人員等等，不必發給貼士。

△聖誕節前夕貼士

聖誕節前一個星期，應該送禮給與自己關係親近的人。此外，還要稍多一些貼士給平日不給貼士的人，如：

①自己住的大厦管理員或工作人員、清潔工人等。一般是10～40美元。職員少時可給多一些約20～

50美元。

②郵差、送報人。一般是 5 ～10美元。

③鐘點工人、孩子褓姆（ Baby sister ）。一般鐘點工人約給一週工資左右，孩子褓姆約給 2 個晚上工資左右的貼士。

④油庫、汽車庫工人。一般是全體一起共約20～50美元。一般放在一個信封交給負責人分給大家。

⑤髮型屋、美容院，對經常去的，要送禮或給貼士。

△餐桌禮儀

無論到哪間餐廳或到私人家裏參加什麼派對，餐桌禮儀都是很重要的。以下介紹基本禮儀，請好好記住並多多練習。

餐巾　被招待的場合，當主人、女主人以及上座的人取下餐巾舖開後，自己也動手取下餐巾舖開。一般是舖在膝上，如果是大型的晚餐用餐巾要將其折成對半舖。其大小以食物不滑落地上爲宜。

抹嘴或擦手，用餐巾一端。有的人喜歡從自己口袋取面巾或手巾用，這是「餐巾不潔」的表示，對招待者是一種失儀。

餐後，或餐事進行途中站立之場合，要將餐巾放在皿盆左側（不必折好，就那樣鬆散地放可也）。

湯匙　左手輕輕地按住皿的邊緣，用右手邊的匙勺面前的湯。每次約匙之三分之二量。從匙旁邊喝，不要發出聲音。更不要因爲熱而用口吹氣。喝剩最後一點時，用左手把靠自己的皿前方輕輕拿起傾着勺。

吃的方法　大陸式（也稱歐洲式）是右手持刀左手持叉一口一口地切來吃。使用刀時也要把叉之尖端朝下。刀子是爲了使食物容易上叉背而使用的。美國

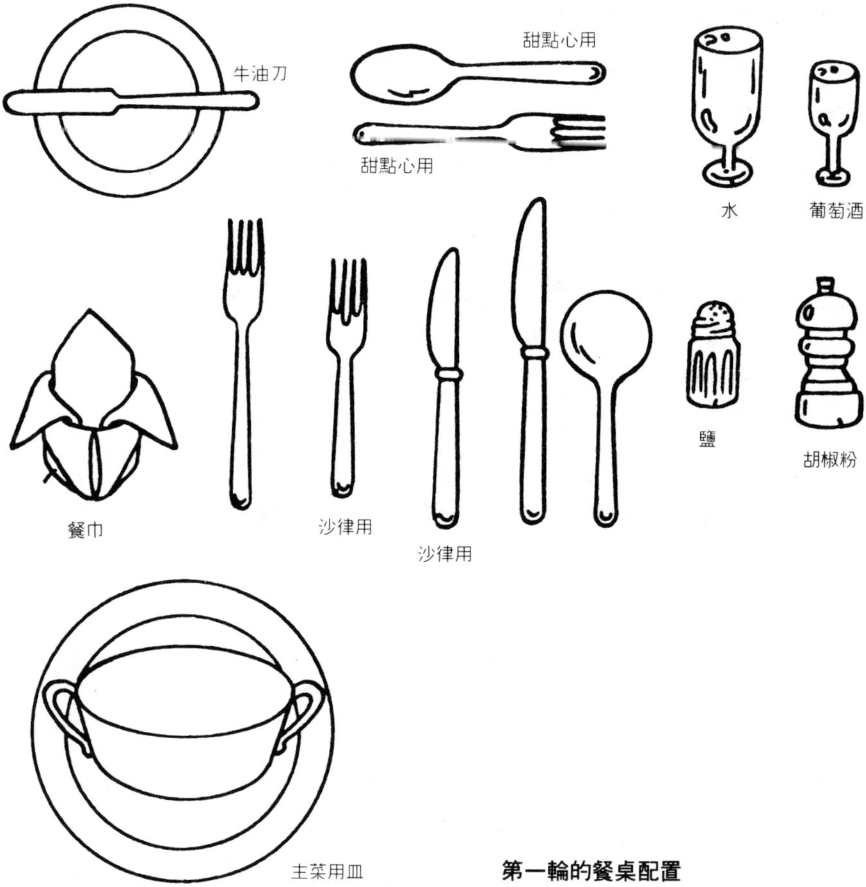

第一輪的餐桌配置

第 2 輪的餐桌配置

第 3 輪的餐桌配置

式則是相反，右手持叉，左手持刀。

在美國，用任何方式吃都可以。不過，大陸式的看起來比較優雅。

餐事中，放刀、叉時成「八」字形或交叉形。吃完後，刀叉平行放在皿上。刀刃向着皿內側，叉尖向下。

此外，如果在餐館進餐，刀叉掉下時，不要自己俯身取。可悄悄請侍應拿個新的。

△其他禮儀

①麵包先掰成能一口吃下的小塊，塗上牛油才吃。

②冰的白葡萄酒杯，不要握其缽的部分，應持抓支柄的部分。

③肉料理逐塊切成可以一口吃下的小塊來吃，只有小孩及病人才在吃前把全部的肉切成小塊。

④調味品離自己遠時，可請人幫忙取。不要自己站起來取。相反，離自己近時，要把它遞給較遠的人的旁邊。

⑤水果不要整個地削皮。先切成兩半或 4 塊再削皮。香蕉用刀子劃開切口，將肉身切成 3 或 4 塊，用叉吃。

⑥香烟會影響菜餚的味道。旣使餐桌上有烟灰皿（表示可以吸烟），也要等甜品過後才抽。

⑦不要在人前使用牙簽。不得不用時要用手捂住嘴的部分，動作斯文優雅。

△電話禮儀和基本對話

首先，不要在夜間 8 時以後打電話，這是基本原則。此外，打電話前要考慮對方的時差情況。以上指的當然是普通朋友之間的普通電話。至於家人、親密朋友或緊急電話均不在此限。

下面介紹一些聽接電話的基本對話

1. 拿起電話的第一句話應說 Hello。

2. 如果聽不清楚對方所講，想請他重覆一遍時，可說 I beg your pardon 或是 Pardon me。

3. 如果對方打錯電話，要告訴他 You have got the wrong number。注意聲音要委婉。

4. 如果對方找的就是你本人，可說 Speaking。

5. 如對方找的是其他家人，而他們碰巧不在，應說 He（ She ）is out now。

6. 如想告訴對方，家人回來後會給他覆電話時，可說 I'll have him call you back。

7. 如要請對方再等一下，要說 Hold On, please。